Konzepte der
Humanwissenschaft

[redacted]

Karl König

Charakter, Persönlichkeit und Persönlichkeitsstörung

Klett-Cotta

Karl König, Prof. Dr. med., ist Lehranalytiker und Supervisor am Psychoanalytischen Institut in Göttingen. Er war lange Jahre Vorsitzender des Instituts und Leiter des Bereichs Klinische Psychotherapie Erwachsener am Landeskrankenhaus Tiefenbrunn, ferner Leiter der Abteilung für Klinische Gruppenpsychotherapie der Universität in Göttingen.

Klett-Cotta

Printed in Germany
Umschlag: Philippa Walz, Stuttgart
Gesetzt aus der Berling von Dörlemann Satz, Lemförde
Auf säure- und holzfreiem Werkdruckpapier gedruckt
und gebunden von Ludwig Auer GmbH, Donauwörth
ISBN 3-608-94369-2

Bibliographische Information Der Deutschen Bibliothek
Die Deutsche Bibliothek verzeichnet diese Publikation in der Deutschen Nationalbibliographie; detaillierte bibliographische Daten sind im Internet über <http://dnb.ddb.de> abrufbar.

Inhaltsverzeichnis

Vorwort

Manche Psychotherapien kommen zustande, weil ein Mensch unter den Eigenschaften seiner Persönlichkeit leidet und daran etwas ändern möchte. Aber auch wenn es nicht um Persönlichkeitseigenschaften geht, sondern um Symptome wie Angst, Depression oder Zwang, ist es für den Therapeuten wichtig, die Persönlichkeitseigenschaften eines Patienten kennenzulernen, weil sie die Zusammenarbeit in einer psychoanalytisch orientierten Therapie wesentlich bestimmen. Auch in der Verhaltenstherapie wird zunehmend Wert auf die Berücksichtigung der Therapeut-Patient-Beziehungen gelegt.

Ebenso wird der Umgang des Therapeuten mit seinen Patienten wesentlich durch die eigenen Persönlichkeitseigenschaften bedingt. Zwar macht jeder analytisch orientierte Psychotherapeut Selbsterfahrung in Einzel- oder Gruppentherapie. Er lernt sich selbst dabei kennen und modifiziert seine Charaktereigenschaften. Meist bleiben aber die Grundzüge der Persönlichkeit erhalten. Der Therapeut sollte sie kennen und nicht davon ausgehen, in der Lage zu sein, sich völlig neutral verhalten zu können. Das Zusammenwirken von Patienten und Therapeuten mit ihren Persönlichkeitsstrukturen wird im Therapieteil dieses Buches (ab S. 85) ausführlich erörtert. Wichtig ist dabei die Unterscheidung, wie weit das eigene Verhalten durch Übertragung und wie weit durch die Charakterstruktur bedingt wird.

Während Übertragung dadurch entsteht, daß Erfahrungen mit Menschen auf andere Menschen übertragen werden, die man neu kennenlernt, kommt charakterbedingtes Verhalten durch Transformationen von Erfahrungen zustande. Die Auslöser für ein solches Verhalten sind weniger spezifisch. Daraus ergeben sich wichtige Unterschiede im Umgang mit Übertragung und Charakter.

In diesem Buch werden »Charakter« und »Persönlichkeitsstruktur« synonym verwendet. Der Begriff »Charakter« hat eine auf Freud (1908) zurückgehende Tradition. Man spricht auch heute noch von »Charakterneurose« (König 2000). Manche Autoren, so Rudolf (1993; Rudolf et al. 2002), verwenden den Strukturbegriff in einer anderen Weise: Sie meinen mit »Struktur« einer Persönlichkeit den Reifegrad von Ich, Über-Ich und Ich-Ideal.

Mein Dank gilt allen Patienten, die sich mir anvertraut haben, und allen Ausbildungskandidaten, mit denen ich in der Supervision zusammengearbeitet habe. Für anregende Diskussionen danke ich Kolleginnen und Kollegen, mit denen ich am Krankenhaus für psychogene und psychosomatische Erkrankungen Tiefenbrunn, am Lou-Andreas-Salomé-Institut für Psychoanalyse und Psychotherapie in Göttingen und an der Abteilung für klinische Gruppenpsychotherapie der Universität Göttingen gearbeitet habe, Besonders erwähnen möchte ich Herrn Med. Dir. Dr. med. Mohammad Ardjomandi, Herrn Dipl. Psych. Dr. rer. pol. Joachim Biskup, Herrn Prof. Dr. med. Franz Heigl †, Frau Prof. Dr. Anneliese Heigl-Evers †, Frau Dipl. Psych. Gerlinde Herdieckerhoff-Sanders, Herrn PD Dr. Reinhard Kreische, Herrn Prof. Dr. phil. Falk Leichsenring, Herrn Prof. Dr. med. Ulrich Rüger, Herrn PD Dr. med. Hermann Staats, Herrn Prof. Dr. med. Ulrich Streeck, M. A. und Herrn Prof. Johannes Zauner †. Für interessante Gespräche über Bücher und Leser danke ich Herrn Dr. phil. Heinz Beyer vom Verlag Klett-Cotta.

Frau stud. phil. Martina Eibach half mir findig beim Suchen und Beschaffen von Literatur und beim Erstellen des Literaturverzeichnisses. Sie half mir auch bei der Organisation des Manuskripts und machte wichtige Verbesserungsvorschläge. In den letzten Wochen der Arbeit am Manuskript beteiligte sich auch

Frau cand. psych. Britt Schubert und stellte ihre besonderen Computerkenntnisse zur Verfügung. Frau Erika Dzimalle danke ich wieder für das genaue, verständige und flotte Schreiben des Manuskripts in verschiedenen Versionen.

Meiner Frau und Kollegin Dr. med. Gisela König, meinem Sohn Dr. med. Peter König und dessen Frau Dr. phil. Inke König danke ich wieder für inhaltliche und methodische Kritik und anregende Diskussionen.

Grundlagen

Charakter und Persönlichkeit. Die Begriffe

Der Begriff »Charakter« hat schon von seiner langen Geschichte her andere Konnotationen als der Begriff »Persönlichkeit« oder gar »Persönlichkeitsstruktur«. Charakter bezeichnet oft eine Persönlichkeit mit ausgeprägten Charakterzügen oder Charaktermerkmalen. Das Wort »Charakter« wird auch in zusammengesetzten Wörtern wie »Charakterfestigkeit« und »Charakterschwäche« verwendet. Im Alltagsleben hat der Begriff »Persönlichkeit« immer mehr die Konnotationen des Begriffs »Charakter« angenommen. Die Aussage, jemand sei »eine Persönlichkeit«, heißt, daß er als Person Eindruck macht.

In diesem Buch verwende ich die Begriffe »Charakter« und »Persönlichkeit« synonym. Ich plädiere für die Beibehaltung des Begriffs »Charakter«; schon deshalb, weil es in der Psychoanalyse den praktikablen Begriff »Charakterneurose« gibt. Der Begriff »Persönlichkeitsneurose« ist ungebräuchlich. Mit einer Charakterneurose ist auch nicht das gleiche gemeint wie mit dem Begriff »Persönlichkeitsstörung«. Unter Charakterneurose versteht man in der Psychoanalyse eine unerwünscht starke Ausbildung von Charakterzügen, die weniger ausgeprägt im Normalbereich vorkommen. Der Begriff »Persönlichkeitsstörung« beinhaltet auch die ichstrukturellen Störungen. Bei ihnen sind das Erleben und Verhalten häufig von Abwehrmechanismen bestimmt, die sonst nur in regressiven Zuständen vorkommen. Insbesondere die projektive Identifizierung hat bei den Frühstörungen eine andere Qualität, weil die inneren Objekte, mit denen ein projektiv Identifizierender den anderen gleich macht – und zwar durch reale Interaktionen – archaische Züge tragen (König 1998b). Persönlichkeitsstörung ist also ein Oberbegriff, der sowohl Charakterneurosen als auch ichstrukturelle Störungen umfaßt. Hoffmann (1979) schränkt den Begriff der Charakterneurose auf solche Fälle ein, wo Ich-Syntonizität besteht; das heißt, wo der Betreffende seiner Charakterneurose keine pathologischen Konnotationen zuweist. Auch in Fällen, wo Ich-Syntonizität vorzuliegen scheint, ist aber in der Regel ein Leiden am eigenen Charakter vorhanden. Oft läßt es sich einfach dadurch erkennen, daß man den Patienten zu einer Selbstschilderung auffordert. Viele Patienten mit einer Charakterneurose beschreiben dann Situationen, in denen ihr eigenes Verhalten ihnen Nachteile bringt, die sie als Nachteile erkennen.

Psyche und Computer – ein Vergleich

Computer und Psyche sind insofern ähnlich, als beim Computer wie bei der menschlichen Psyche nur das auf den Schirm beziehungsweise ins Bewußtsein kommt, was vorher im Rechenwerk des Computers beziehungsweise im Gehirn stattgefunden hat. Wahrnehmungen, sagt die moderne Neurophysiologie (z.B. Leuschner u. Hau 1995), *folgen* einer Verarbeitung der Sinneseindrücke im Gehirn. Die Sinneseindrücke kommen nicht zunächst in das Bewußtsein und werden dort verarbeitet, es läuft umgekehrt: sie kommen in das Gehirn, werden dort verarbeitet und gelangen dann erst in das Bewußtsein.

Dieser neurophysiologische Befund legt eine Vorstellung vom Unbewußten nahe, die über die Freudschen Annahmen hinausgeht. Das Unbewußte ist das Erste. Es ist nicht nur ein Reservoir für vorher im Bewußtsein vorhandene Inhalte, die dorthin verdrängt wurden und von dort auf das Bewußte einwirken können, sondern der erste Verarbeitungsort von Sinneseindrücken. Was auf den »Schirm«, in das Bewußtsein, gelangt, wird bereits vom

Unbewußten gesteuert. Unter einer großen Zahl von Wahrnehmungseinheiten wählt das Gehirn einen kleinen Teil aus. Zum Beispiel sehen wir viel, nehmen aber nur einen Teil des Gesehenen wahr. Vom unbewußten Bereich unseres Gehirns hängt ab, was wir wahrnehmen, wenn wir über die Straße gehen oder eine Landschaft betrachten.

Bekanntlich gibt es berufsbezogene Wahrnehmungseinstellungen. Ein Holzhändler wird in einem Wald anderes sehen als ein Jäger, ein Jäger anderes als ein Dichter. Die Wahrnehmungen sind aber nicht nur berufsabhängig. Aus seiner Biographie, seinem Begabungsspektrum, seinen charakterbedingten Einstellungen und seinen aktuellen Objektbeziehungen resultiert, daß jeder Maler ein anderes Bild malt.

Die verschiedenen persönlichen Voraussetzungen sind im Gehirn immer präsent und können von dort aus auf Bewußtes einwirken. Wenn man einen Zensor zwischen dem Vorbewußten und dem Bewußten annimmt, wie Sandler und Sandler (1985) es getan haben, kann man davon ausgehen, daß die beruflichen Interessen den Zensor zwischen dem »Gegenwartsunbewußten« und dem Bewußten in der Regel passieren. Ausnahmen sind denkbar, zum Beispiel kann ein verliebter Holzhändler poetisch werden und Aspekte des Waldes wahrnehmen, die er sonst übersieht, und den Wald kommerziell falsch einschätzen. Die berufliche Orientierung ist dann schwächer wirksam als die Gefühle des Verliebtseins.

Aus den Befunden der modernen Neurophysiologie ergibt sich: Jede Psychologie, die das Unbewußte nicht mit einbezieht, muß als veraltet gelten. Das Freudsche, vor mehr als hundert Jahren aufgestellte Postulat, Unbewußtes mit einzubeziehen, erfährt von seiten der Neurowissenschaften eine späte, aber durchgreifende *naturwissenschaftliche* Bestätigung.

Konstitution

Man kann von einer körperlichen und geistigen Konstitution sprechen, wobei die geistige Konstitution auf Körperlichem basiert. Beide können durch Umwelteinflüsse verändert werden. Die körperliche Konstitution bestimmt zum Beispiel die Eignung für bestimmte Sportarten (Kurzstreckenläufer sind körperlich anders als Langstreckenläufer), die geistige Konstitution äußert sich in der Eignung für bestimmte Berufe. Beide überlappen sich. Sport hat etwas mit Intelligenz zu tun, und viele Berufe setzen körperliche Grundeigenschaften voraus, was Geschicklichkeit, Durchhaltevermögen und Aussehen angeht.

Wenn es um die Eignung für bestimmte Tätigkeiten geht, spricht man von Talent und, in Österreich, auch von »Antitalent«, womit man meint, daß jemand, der sonst durchschnittlich oder überdurchschnittlich begabt ist, für bestimmte, umschriebene Bereiche kein Talent hat, sondern das Gegenteil, eben ein Antitalent.

Auch der Charakter hat etwas mit dem Erbgut zu tun. Das zeigen Zwillingsuntersuchungen (z.B. Faller 2003; Schepank 1991). Eineiige Zwillinge, die getrennt aufgewachsen sind, ähneln sich bezüglich ihres Charakters mehr als zweieiige Zwillinge, die getrennt aufgewachsen sind. Das angeborene Maß an Aggressivität (vgl. Kernberg 1992) bestimmt die Entwicklung des Charakters mit. Ein »Antitalent« kann auf die Berufswahl Einfluß haben. Anna Freud beschreibt die Entwicklung eines sportlichen Antitalents, das den Betreffenden dazu brachte, sich aus dem Sport zurückzuziehen, viel zu lesen und später Philologieprofessor zu werden. Natürlich ist eine solche Berufswahl nicht nur so zu erklären. Neben dem sportlichen Antitalent müssen jedenfalls Talente für die Arbeit eines Philologieprofessors vorhanden gewesen sein.

Der Stellenwert von Begabungen ist kulturabhängig. Sport

spielt an den Schulen in England und Amerika eine größere Rolle als in Deutschland. Geistige Interessen werden, sagt man, in der englischen Aristokratie mißtrauisch betrachtet.

Vom Stellenwert bestimmter Interessen, Betätigungen und Berufe hängt es ab, ob sie gefördert werden. Politiker aus der Unterschicht, die es zu führenden Positionen gebracht haben, zeichneten sich früh durch geistige Interessen (Willy Brandt) oder durch Ehrgeiz (Gerhard Schröder) aus. Willy Brandt wurde in seinen geistigen Interessen gefördert. Gerhard Schröder scheint sich im wesentlichen aus eigener Kraft durchgesetzt zu haben.

Triebtheorien und Motivationslehren

Die Psychoanalyse hat an der Freudschen dyadischen Triebtheorie lange festgehalten. Auch heute noch hat sie ihre Verfechter im Bereich der Kleinianischen Psychoanalyse, aber auch unter den Freudianern (z.B. Müller-Pozzi 2002). Kernberg (z.B. 1988a) hat die Triebtheorie modifiziert und mit den Affekten in Verbindung gebracht. Heute gehen wohl die meisten Psychoanalytiker davon aus, daß Aggression und Sexualität bei der Entstehung neurotischer Syndrome eine wichtige Rolle spielen, aber nicht die einzigen motivierenden Faktoren für menschliches Erleben und Handeln sind. Sandler (1960) hat das Streben nach Sicherheit als wichtigen motivierenden Faktor benannt. Zur etwa gleichen Zeit hat Bowlby (1975; 1976; 1980) seine Bindungstheorie entwickelt, bei der es wesentlich um Streben nach Sicherheit geht; Bowlby führt den Wunsch von Tieren und Menschen, einem Objekt nahe zu sein, an das sie gebunden sind, zunächst auf ein Sicherheitsstreben zurück.

Die Bowlbysche Bindungstheorie betont äußere Gefahren, während die Triebtheorie sich mit Gefahren beschäftigt, die in spezifischen Versuchungssituationen durch eine Aktivierung von Triebwünschen entstehen können. Meine eigene Theorie der Phobien (König 1982a) ist den triebtheoretischen Theoriebildungen zuzuordnen. Bei einer Agoraphobie oder Straßenangst entsteht Angst, weil Triebwünsche auf der Straße aktiviert werden. Ich leite das unter anderem aus den Funktionen ab, die ein Begleiter oder eine Schutzperson für den Agoraphoben haben kann. Bowlby geht es um äußere Gefahren, die bei Tieren und Menschen von Raubtieren (Predators) ausgehen können. Meine Theorie der Agoraphobie beinhaltet den Begriff der Versuchung, der im Bowlbyschen Ansatz keinen Platz finden kann.

Die Triebtheoretiker beklagen, daß ein Aufgeben (in Wahrheit wohl eine Ergänzung) der Triebtheorie einen Verlust des »aufklärerischen Potentials« der Psychoanalyse mit sich bringe. Die Triebtheorie ist in ihrer Dualität ein einfaches, wie man heute erkennen muß, vereinfachendes Modell menschlichen Verhaltens, das eben durch seine Einfachheit *überzeugt* hat. Man konnte alles und jedes auf Sexualität und Aggression zurückführen, wobei der Begriff »Sexualität« stärker überdehnt wurde als der Begriff »Aggression«, die Freud sogar auf den Todestrieb einengte. Die Vorstellung von einem Todestrieb verharmlost Aggression im Grunde, indem sie diese als ein allen Organismen außer den Einzellern innewohnendes Streben nach Entropie darstellt. Der komplexe Organismus, aus einfachen Elementen, den Atomen, bestehend, löst sich wieder in Atome oder zumindest in Moleküle auf.

Die Todestrieb-Theorie, zur Zeit des Ersten Weltkriegs entstanden, macht die Aggressivität des Menschen zu einer bedauerlichen Grundeigenschaft, die er mit den Tieren gemeinsam hat und ohne die der Mensch gar nicht denkbar wäre. Die Sexualität steht bei Freud dem Todestrieb als eine Lebenskraft gegenüber, die das Weiterbestehen der Arten sichert, auch wenn die Individuen zu Tode kommen.

In ihrer Einfachheit erinnert die duale Triebtheorie an die Anatomie und Physiologie der Wende zum 20. Jahrhundert, die

Organismen einfach erscheinen ließen. Heute verfügen wir im Bereich der Morphologie über die Elektronenmikroskopie und über eine weit entwickelte Histochemie, im Bereich der Physiologie und physiologischen Chemie über Mittel, chemische und physikalische Prozesse im Organismus zu verstehen, von denen man sich um das Jahr 1900 keine Vorstellung machen konnte. So verdoppelt sich das Wissen in einigen Bereichen der Biologie innerhalb weniger Jahre. Es kommt uns fast unbegreiflich vor, mit wie wenig Wissen Biologen an den Grenzen des Erkennbaren angelangt zu sein glaubten.

Die modernen Neurowissenschaften bestätigen wesentliche Annahmen Freuds, sie weisen aber auch auf eine enorme Komplexität der somatischen Substrate hin. Rückblickend erscheint die ursprüngliche, Freudsche Psychoanalyse in ihrer Einfachheit wie eine Insel der Seligen, wo man zufrieden sein konnte, weil nicht zu erkennen war, was noch fehlte.

Heutige theoretische Annahmen sind, was die Motivation von Menschen angeht, komplexer als zur Zeit Freuds. Dennoch ist so viel gleich geblieben, daß man sagen kann: Die Psychoanalytiker von heute betreiben eine Psychoanalyse, die immer noch viel mit dem zu tun hat, was Freud schrieb.

Die Annahme, daß es ein Unbewußtes gibt, daß es Abwehr und Widerstand gibt, Übertragung und Gegenübertragung, hat die Zeiten überdauert. Gegenwärtige psychoanalytische Praxis ist, wie schon zur Zeit Freuds, unter anderem auch eine Anwendung »gesunden Menschenverstandes« *unter Berücksichtigung des Unbewußten*. Der »gesunde Menschenverstand« hat immer schon andere Ursachen des Erlebens und Handelns als nur Aggression und Libido berücksichtigt. Es dürfte aber dabei bleiben, daß Psychoanalytiker sich auf bestimmte Phänomene von besonderer pathogener Relevanz konzentrieren. Aggression und Sexualität werden dazugehören.

Fiedler (2001) schreibt: »Es ist schon erstaunlich, mit wie vielen unterschiedlichen theoretischen Brillen ein und dasselbe

Phänomen erklärt wird (eine depressive Persönlichkeit oder Charakterstörung kann oral-dependenten, oral-sadistischen, passiv-aggressiven, narzißtischen usw. Ursprungs sein, aus einem Autonomie-Bindungs-Konflikt resultieren oder auf traumatische Ursachen, z.B. auf frühkindlichen Mutter-Verlust oder Inzest-Erfahrungen, zurückführbar sein, und zumeist sind diese Perspektiven auch noch beliebig gegeneinander austauschbar.«

Weiter schreibt er: »Natürlich würden die psychoanalytischen Erklärungsansätze bei einer Beschäftigung mit der empirischen Evidenz ihrer Postulate recht viel von ihrem liebgewordenen ›Erklärungskomfort‹, die so attraktive ›Theorieflexibilität‹ einbüßen.«

Nun ist eine multifaktorielle Genese von Symptomen in der somatischen Medizin seit langem akzeptiert. Symptome, wie zum Beispiel das Fieber oder die Manifestationsformen der Arteriosklerose, einer Krankheit des Gesamtorganismus mit Durchblutungsstörungen in verschiedenen Organen, können verschiedene Ursachen haben. Man unterscheidet notwendige, aber nicht ausreichende, notwendige und ausreichende und außerdem noch verstärkende Faktoren. So ist bei der Arteriosklerose eine genetische Disposition beteiligt. Bestimmte Krankheiten wie zum Beispiel der Diabetes können Arteriosklerose fördern. Der Blutdruck nimmt Einfluß, ebenso die Ernährungsweise. Ein Bluthochdruck kann wieder verschiedene Ursachen haben.

Ein anderes, bekanntes Beispiel ist das Magengeschwür, für das der Helicobacter pylori eine notwendige, aber nicht ausreichende Voraussetzung zu sein scheint. Magengeschwüre gibt es weit seltener als Besiedlungen des Magens mit Helicobacter pylori. Es müssen noch andere Faktoren wie Streß oder innere psychische Konflikte beteiligt sein, die zur Veränderung der Motilität des Magens, seiner Durchblutung und seiner Säureproduktion führen.

Im Tierversuch gibt es das Streß-Ulcus, das man bei Versuchstieren erzeugen kann, ohne daß Helicobacter pylori beteiligt ist.

Hier scheint ein Faktor, der sonst zur Entstehung des Magengeschwürs beiträgt, aber für sich nicht ausreicht, bei extremer Ausprägung Ulcera hervorzurufen.

Kontribuierende, meist aber nicht ausreichende Faktoren sind zum Beispiel Störungen des Tag-Nacht-Rhythmus. So kommt bei Menschen, die nachts arbeiten, das Magengeschwür häufiger vor. Nicht jeder, der nachts arbeitet, entwickelt aber Magengeschwüre. Schließlich sind bei Magengeschwüren noch jahreszeitliche Faktoren beteiligt, zum Beispiel gibt es einen Gipfel der Häufigkeit im Frühjahr und im Herbst.

Bei der Erforschung psychischer Krankheitsentstehungen mit multifaktorieller Genese, die übrigens in den Diagnostik-Manualen der Psychiatrie nicht unberücksichtigt bleibt – zum Beispiel, wenn es sich um die toxische Verursachung psychischer Symptome und um die pathophysiologischen Ursachen für die gleichen Symptome handelt –, geht es darum, die Entstehung von Krankheitsbildern aufgrund einer *Kombination von Faktoren* zu untersuchen. Im Bereich der Psychoanalyse ist das in Ansätzen geschehen.

Experimentell können die psychischen Faktoren, auf die es ankommt, nicht untersucht werden, weil sie nicht getrennt darstellbar sind und weil solche Untersuchungen an ethische Grenzen stoßen würden. Man hat es mit mehreren Faktoren zu tun, von denen jeder für sich mit dem Krankheitsbild, aber auch mit den anderen beteiligten Faktoren in der Häufigkeit seines Vorkommens unterschiedlich stark korreliert. Wenn man betrachtet, welchen Forschungsaufwands es in der somatischen Medizin bedurft hat, um die einzelnen Faktoren herauszufinden, die Krankheitsbilder verursachen oder zu deren Entstehung beitragen, kann es nicht wundern, wenn ein ähnlicher Aufwand im Bereich der Psyche notwendig ist.

Der Berücksichtigung mehrerer Faktoren steht das allgemein menschliche Bedürfnis nach einfachen Erklärungen entgegen, wie ich an einem anderen Ort (König 1993) dargelegt habe. Der

Wunsch, alles »aus einem Punkte zu erklären« (Goethes Mephisto in der Schülerszene) hat in der Psychoanalyse immer wieder dazu geführt, daß erklärende Theorien aufgegeben wurden, als man neue entwickelte. Es wurde nicht bedacht, daß mehrere Erklärungsmöglichkeiten nebeneinander Reales erfassen können. Der Wunsch, sich mit einem einzigen Erklärungsmodell zufriedenzugeben, scheint in der menschlichen Psyche verankert zu sein. Im angelsächsischen Sprachraum bezieht man sich gern auf das sogenannte »Ockhamsche Rasiermesser«, womit das Ockhamsche Ökonomieprinzip gemeint ist. Hier wird aber außer acht gelassen, daß Ockham sein Ökonomieprinzip im Bereich der Ontologie entwickelt hat. Auf die Biologie und die Psychoanalyse läßt es sich nicht ohne weiteres anwenden. Untersucht man in der Psychologie einen Einflußfaktor, erhält man in der Regel schwache Korrelationen, eben weil mehrere Faktoren beteiligt sind.

Auch in der Psychoanalyse wird vor der Komplexität der menschlichen Psyche immer wieder kapituliert, indem bestehende Erklärungsansätze durch neue ersetzt werden, ohne zu prüfen, ob nicht beide zutreffen, der alte und der neue. Die empirisch-statistische Forschung in der Psychoanalyse läuft wiederum Gefahr, Einzelfakten zu sammeln, ohne sie miteinander verbinden zu können. Hier gilt dann, was Goethe seinen Mephisto in der Schülerszene sagen läßt: »Habt ihr die Teile in der Hand, fehlt leider nur das geistige Band.«

Ich vergleiche die Betrachtung der menschlichen Psyche durch Psychoanalytiker mit dem Blick eines Beobachters auf eine Stadt. Man kann sie aus der Luft oder von verschiedenen Stadtvierteln aus sehen. Nicht nur die »Brillen«, als die man metaphorisch die persönlichen Sichtweisen von Psychoanalytikern bezeichnen könnte, sind verschieden. Auch die Perspektiven unterscheiden sich; also die Standpunkte, von denen aus ein Psychoanalytiker auf seinen Gegenstand blickt. Natürlich hängt die *Wahl* des Standpunktes wieder von der Subjektivität des Betrachters ab, daneben von seinen Lebensverhältnissen; etwa auch von seiner Zugehörigkeit zu einer bestimmten psychoanalytischen Gesellschaft.

Wer nach Zürich kommt, kann das auf verschiedenen Wegen tun, er kann auch in verschiedenen Stadtvierteln wohnen und die anderen Stadtviertel mehr oder weniger genau, manche vielleicht gar nicht kennenlernen. Obwohl er nicht die ganze Stadt kennt und seine Eindrücke von denen verschieden sind, die ein anderer sammeln würde, wird er doch nach einiger Zeit von sich sagen, daß er Zürich kennt. In den Geisteswissenschaften, die ebenfalls komplexe Gegenstände haben, ist es ganz üblich, daß verschiedene Standpunkte eingenommen werden, was zu unterschiedlichen Ergebnissen führt.

Zwar gibt es Geisteswissenschaftler, die meinen, den einzig richtigen Zugang gefunden zu haben; vielleicht einige, die – wie Wittgenstein (1982) das mit seinem *Tractatus Philosophicus* erreicht zu haben meinte – glauben, alle Probleme einer Wissenschaft gelöst zu haben. Kenner der Philosophie würden aber heute kaum die Forderung stellen, es dürfe nur einen Standpunkt geben. Gleiches können die Psychoanalytiker für sich beanspruchen – nicht, weil die Psychoanalyse eine reine Geisteswissenschaft wäre – ich zähle sie *auch* zu den Naturwissenschaften –, sondern wegen der Komplexität ihres Gegenstandes: der menschlichen Psyche. Solche Komplexität hat sie mit den Geisteswissenschaften gemeinsam. Das von verschiedenen Standpunkten aus Gesehene widerspricht sich nicht schon, weil es sich unterscheidet. Unterschiedliche Standpunkte bedingen verschiedene Perspektiven und deshalb unterschiedliche Beobachtungsergebnisse, aus denen unterschiedliche Schlüsse gezogen werden können. Die von Fiedler (2002) aufgestellte Behauptung, die verschiedenen psychoanalytischen Theorien widersprächen einander, kann so nicht aufrechterhalten werden. In der Psychoanalyse und überhaupt in der Psychologie sind unterschiedliche Perspektiven zu erwarten und sachgerecht.

Freilich hat das Streben nach Vereinfachung, vielleicht auch ein gewisses Maß an Narzißmus, Psychoanalytiker, nicht zuletzt Freud, veranlaßt zu glauben, sie hätten die einzig richtige Perspektive eingenommen. Insoweit sind Psychoanalytiker an dem von Fiedler und anderen vertretenen Mißverständnis mitschuldig. Freud hat mehrfach (zuletzt 1937b) darauf hingewiesen, daß seine Erkenntnisse vorläufigen Charakter hätten und durch andere, zutreffendere abgelöst werden könnten. Er meinte aber doch, daß es eine richtige Perspektive und eine Wahrheit gebe, die gefunden werden könnten. Statt dessen hat man es in der Psychologie mit »verschiedenen Wahrheiten« zu tun (vgl. Wallerstein 1988). Der Wissenschaftsgeschichte wird später einmal die Aufgabe zufallen, herauszufinden, was die Psychoanalytiker, die unterschiedliche Theorien vertraten und gegenwärtig vertreten, dazu veranlaßt hat, einen Standpunkt einzunehmen, der ihnen eine bestimmte Perspektive eröffnete.

Die Ideale und die Vielfalt

In der Psychoanalyse gibt es den von Wilhelm Reich (1933) eingeführten Begriff des genitalen Charakters. Reich sah den genitalen Charakter als Produkt eines Reifungsprozesses. Ein genitaler Charakter hat in diesem Reifungsprozeß alle möglichen Charaktervarianten hinter sich gelassen. Diese Vorstellung vom reifen Menschen erinnert an die platonische Vorstellung, alle real existierenden Lebewesen seien unvollkommene Verwirklichungen einer Idee. Ein Pferd sei eine unvollkommene Verwirklichung der Idee Pferd, ein Mensch sei eine unvollkommene Verwirklichung der Idee Mensch.

Das kann man so verstehen, daß es einen idealen Menschen oder zumindest einen idealen Mann und eine ideale Frau *als Idee* gibt, der Menschen sich annähern sollten. Die platonische Auffassung einer Idee vom Menschen konnte in einer Gesellschaft entstehen, wo die Arbeit von Sklaven verrichtet wurde und die freien Männer sich mit »höheren« Dingen wie Krieg, Wissenschaft oder Staatskunst beschäftigten. Die Sklaven kamen als ideale Menschen nicht in Betracht. Die führende Oberschicht war relativ homogen.

Unsere komplexe, arbeitsteilige Gesellschaft mit ihren vielen Aufgaben und Berufen könnte aber nicht funktionieren, wenn alle Menschen den gleichen Charakter und damit ähnliche Interessen hätten – selbst wenn die Interessen von Männern und Frauen sich unterscheiden würden. Begabungen würden eine Rolle spielen. Die Interessen entstehen aber nicht nur aus Begabungen, sondern auch aus Wünschen, die im Charakter angelegt sind.

Die Variabilität von Umwelteinflüssen trägt dazu bei, daß verschiedene Charaktere entstehen und verschiedene Interessen sich entwickeln. Das hat unmittelbare Auswirkungen auf unsere Normalitätsbegriffe.

Wie groß die Rolle der Interessen ist, läßt sich auch aus den Schwierigkeiten erkennen, die habituell auftreten, wenn Männer und Frauen sich im Umgang mit Kindern die gleichen Aufgaben teilen wollen. Die immer wieder beklagte Resistenz der Männer gegen das Übernehmen kinderpflegender oder den Haushalt bewältigender Aufgaben hat etwas mit unterschiedlichen Interessen zu tun, wie sie unter dem Einfluß der Umwelt entstehen und teilweise biologisch (vgl. Kapitel »Evolutionspsychologie«, S. 167) vorgegeben sind.

Obwohl extreme Ausprägungen von Charakter zu Entwicklungen führen, deren Ergebnisse in unsere Gesellschaft nicht passen und deshalb als pathologisch angesehen werden, ist eine Varianz der Charaktere notwendig. Aus diesem Sachverhalt ergibt sich das Erfordernis, in der Charakterologie einen Normalitätsbegriff zu verwenden, der dieser notwendigen Vielfalt Rechnung trägt. Ein Buchhalter sollte einen anderen Charakter haben als ein Reiseleiter, ein Koch einen anderen Charakter als ein Kellner. Nicht alle Menschen eignen sich zum Chirurgen, auch wenn sie geschickt und entscheidungsfreudig sind. Sie müssen Spaß daran haben, schonend und rasch zu operieren.

Manche Menschen halten sich gerne im Hintergrund und tun dort ihre Arbeit. Für andere ist es ein Bedürfnis, bei der Arbeit gesehen zu werden. In manchen Berufen, etwa dem des Filmschauspielers, besteht die Arbeit darin, sich selbst, zumindest den eigenen Typus, vor anderen darzustellen. Der Bühnenschauspieler braucht eher die Fähigkeit, sich in verschiedene Charaktere hineinzudenken und hineinzufühlen.

Die meisten Menschen können mehrere Berufe ausüben, die oft disparat sind. Ich erinnere mich an mein Staunen, als unser Mathematik-Lehrer auf dem Gymnasium erzählte, er sei in Südamerika, wo er eine deutsche Schule geleitet hatte, interniert worden und hätte sich mit Vergnügen als Lagerfriseur betätigt. Aber auch er hätte kaum *alle* Berufe gut und gerne ausüben können. Kurz: Die Eignung für einen bestimmten Beruf hängt von Begabung und Interesse ab. Das Interesse erwächst nicht nur aus der Begabung.

Bei Analysanden findet man nicht selten die Vorstellung, es gebe einen in seinen Eigenschaften vorbestimmten Mann oder eine in ihren Eigenschaften vorbestimmte Frau, der oder die sie in der Psychoanalyse werden müßten. Sie streben Idealen nach, von denen sie meinen, daß der Analytiker oder die Analytikerin sie teilt.

Der Normalitätsbegriff, den ein Analysand einem Analytiker zuschreibt, aber auch der Normalitätsbegriff, den ein Analytiker tatsächlich hat, spielen in den Analysen eine erhebliche Rolle. Sie wird oft nicht erkannt. Es gibt für jeden Patienten einen realistischen Normalitätsbegriff, dessen Kenntnis es ihm sogar erleichtern würde, die eigenen Möglichkeiten zu entfalten. Schreibt der Analysand dem Analytiker eine unerreichbare Idealvorstellung zu, kann das seine Entwicklung beeinträchtigen.

Metapsychologie

Welcher Wert der Freudschen Metapsychologie zukommt, war in der zweiten Hälfte des vergangenen Jahrhunderts immer wieder Gegenstand von Diskussionen und ist es bis zum heutigen Tag geblieben (z. B. Landis 2001; Thomä, Landis 2003).

Für viele Psychoanalytiker hat die Freudsche Metapsychologie bloß noch einen heuristischen Orientierungswert. Psychoanalytische Konzepte gelten als unterschiedlich gesichert. Übertragung, Gegenübertragung und Widerstand sind klinische Phänomene, die ohne Rückgriff auf die Freudsche Metapsychologie beschrieben werden können. Die Freudsche Instanzenlehre ist heuristisch fruchtbar. Das gleiche gilt für das Freudsche Schichtenmodell, speziell in den Ausformungen, die ihm die Sandlers (Sandler und Sandler 1985) gegeben haben. Zwischen Instanzenmodell und Schichtenmodell sehe ich keinen Widerspruch. Die beiden Sichtweisen resultieren aus der Betrachtung psychischer Phänomene aus zwei verschiedenen Perspektiven. In einer Therapie kann man die Perspektiven wechseln. Das berichtete zum Beispiel Anna Freud (Sandler mit Freud 1989) unter Hinweis auf ihre eigene therapeutische Praxis.

In der Psychoanalyse haben wir bis dato kein überzeugendes Modell, das alle aus verschiedenen Perspektiven beobachteten und beobachtbaren Phänomene integrieren könnte. Vielleicht ist der Wunsch, ein solches Modell zur Verfügung zu haben, Ausdruck der Jagd nach einer Utopie; der Utopie, die menschliche Psyche in ihrer Komplexität aus *einer* Perspektive erfassen zu können. Vielleicht wird uns die Integration mehrerer Perspektiven für immer unmöglich bleiben, ähnlich wie es unmöglich ist, eine Stadt aus verschiedenen Perspektiven gleichzeitig zu erfassen. Unsere Betrachtungsweise muß vielleicht auf das Sequentielle beschränkt bleiben.

Kulturspezifische Faktoren bei der Entwicklung psychoanalytischer Konzepte

Die Freudsche Urform der Psychoanalyse ist bekanntlich in Wien entstanden, in ihren Grundzügen um die Jahrhundertwende. Freud hat nach dem Medizinstudium eine naturwissenschaftliche Ausbildung am Physiologischen Institut von Brügge absolviert. Obwohl er philosophische Vorlesungen gehört hat (Gay 1989), lehnte er es später ab, sich mit Philosophie zu beschäftigen. Sein wissenschaftstheoretisches Grundverständnis basierte im wesentlichen auf der Auffassung von Wissenschaft als einer Befragung der Natur. Freud war sorgfältig darauf bedacht, seine theoretischen Überlegungen auf eine Empirie der fragenden Beobachtung zu gründen. Die Ich-Psychologie von Hartmann, Kris und Loewenstein suchte Anschluß an die akademische Psychologie. Ein Ergebnis solcher Bemühungen war das Hartmannsche Postulat eines triebfreien Bereiches im Ich (Hartmann 1972). In Frankreich, wo Psychoanalytiker Verbindungen zur Philosophie herstellten und Philosophen sich für die Psychoanalyse interessierten, wurde diese akademisch-psychologische Tendenz abgelehnt. In England, wo Melanie Klein seit 1926 lebte, entstand die Objektbeziehungstheorie. Sie basierte nicht nur auf den Arbeiten von Melanie Klein, sondern auch auf denen von Fairbairn (1952) und seinem Schüler Guntrip (1968). Daß Melanie Klein die Freudsche Vorstellung von einem Todestrieb übernahm, paßte gut zu der christlichen Auffassung des Menschen als einem sündigen Wesen (»Wir sind allemal Sünder«), wie sie besonders im Protestantismus verbreitet ist.

Im Zweiten Weltkrieg spaltete sich die britische psychoanalytische Gesellschaft in eine freudianische, eine kleinianische und eine Mittelgruppe. Die Mittelgruppe war stark durch Balint beeinflußt, einen Schüler von Ferenczi, der wie sein Lehrer die

Auffassung vertrat, daß Beziehung heilen könne – im Unterschied zur Freudschen, kognitiver orientierten Auffassung der Psychoanalyse als Aufklärung. (Die Diskussion um Beziehung und Wahrheitsfindung hat sich bekanntlich bis in die heutigen Tage fortgesetzt. Fonagy (2003) stützt seine Bevorzugung einer Arbeit an der Beziehung zwischen Analysand und Analytiker und umgekehrt auf Erkenntnisse der Neuropsychologie. In den Vereinigten Staaten (z.B. Gabbard Western 2003; Smith 2003) ist diese Diskussion zentral.)

Auf die Entwicklung im Deutschland der Nachkriegszeit, wo heute alle psychoanalytischen Schulen Anhänger haben, war der Einfluß der Mittelgruppe auch deshalb stark, weil sich mehrere Angehörige der Mittelgruppe bereit fanden, deutsche Ausbildungskandidaten in Analyse zu nehmen.

Mit dem Greensonschen Technikbuch (Greenson 1967) und bereits zuvor über die Publikationen von Hartmann (1972) gewann die amerikanische Ich-Psychologie in Deutschland an Einfluß. Die Melanie Kleinsche Schule hat in den letzten Jahren zunehmend Anhänger gefunden. Vorher schon kam es zu einer begrenzten Verbreitung der Kohutschen Selbstpsychologie.

Welche der verschiedenen psychoanalytischen Schulen in Deutschland ein Übergewicht bekommen wird, ist schwer abzusehen. Für wahrscheinlich halte ich, daß der britische Einfluß bestehen bleibt, zumal Kernberg, der in Deutschland bekannteste Vertreter der amerikanischen Psychoanalyse, eine Synthese von Objektbeziehungstheorie und Ich-Psychologie versucht und dazu auch Konzepte von Melanie Klein adaptiert hat.

Jeder dieser psychoanalytischen Schulen könnte eine bestimmte Persönlichkeitsstruktur zugeordnet werden. So hat die ursprüngliche Freudsche Konzeption wie auch ihre Weiterentwicklung durch Hartmann etwas Zwanghaftes. Es soll zergliedert und aufgeklärt werden, das Synthetische wird der synthetischen Funktion des Ich (Nunberg 1971) überlassen. Die Melanie Kleinsche Konzeption in ihrer Betonung des Oralen wird man am ehesten der depressiven Persönlichkeitsstruktur zuordnen können. Die Objektbeziehungstheorie könnte aus dem Wunsch nach einer Überwindung von Isoliertheit entstanden sein. Die Kohutsche Selbstpsychologie kann man als Ergebnis von Versuchen werten, eigenen Narzißmus zu überwinden.

Die Zuordnung der psychoanalytischen Konzepte zu bestimmten Persönlichkeiten ist nicht nur ein müßiges Spiel. Psychoanalytiker, die heute Psychoanalyse erlernen, sollten sich fragen, wie weit eine bestimmte psychoanalytische Richtung ihrer Persönlichkeit entspricht – zu wenig oder zu sehr. Letzteres kann dazu führen, daß bestimmte Aspekte, die zur eigenen Persönlichkeit gut passen, überbetont werden und im therapeutischen Handeln einen unzweckmäßig hohen Stellenwert erlangen.

Ich-Funktionen

Eine Ich-Funktion ist zum Beispiel die Fähigkeit, innen und außen zu unterscheiden; eine Fähigkeit, die bei Psychosen verlorengehen kann, so daß der psychotische Patient seine Phantasien, die er nach außen projiziert, als zutreffend beurteilt.

Eine Ich-Funktion ist auch die Frustrationstoleranz. Frustrationstoleranz bewirkt, daß man nicht ausrastet, wenn man nicht bekommt oder nicht bewirkt, was man haben will oder bewirken möchte.

Affekttoleranz, eine weitere Ich-Funktion, ist die Fähigkeit, starke Gefühle auszuhalten.

Impulskontrolle ist die Fähigkeit, innere Impulse nicht unreflektiert in Handeln umzusetzen, sondern sie bei sich zu behalten, wenn es unzweckmäßig oder unmoralisch erscheint, so zu handeln. Das können aggressive Impulse sein; man möchte jemandem gegen das Schienbein treten und tut es nicht, weil die Folgen für einen selbst nachteilig wären, oder man möchte eine attraktive Frau anfassen und tut es nicht, weil das zur Art oder zum gegenwärtigen Stand der Beziehung nicht paßt. Mit den Ich-Funktionen beschäftigte sich vor allem die Ich-Psychologie in der Folge von Hartmann, Kris und Loewenstein.

Ich finde es nützlich, die Ich-Funktionen zu benennen und sich einen Überblick darüber zu verschaffen, welche Ich-Funktionen ein Patient einsetzt; nicht nur, um den ichstrukturellen Anteil der Störung einschätzen zu können, sondern auch, um Ressourcen zu erkennen, die in der Struktur eines Patienten liegen. Man untersucht, welche Ich-Funktionen gut oder zumindest ausreichend gut in einer Therapie eingesetzt werden könnten.

Die Rolle der Abwehrmechanismen

Ein Mensch, der souverän mit seinen eigenen Wünschen umgeht, kann versuchen, sie durchzusetzen, er kann sie aufschieben, oder er kann auf ihre Erfüllung verzichten.

Verzichten ist nicht immer leicht möglich. Was von außen betrachtet als Verzicht wirkt, ist manchmal nichts als Verheimlichen von Wünschen oder ein Erlöschen der Wünsche aus biologischen Gründen. So können sexuelle Wünsche im Alter entweder verborgen fortbestehen oder erlöschen. Sie können verheimlicht werden, weil die gesellschaftliche Erwartung alten Menschen Sexualität nur eingeschränkt zugesteht. Sie können in hohem Alter verschwinden, weil die biologischen Voraussetzungen nicht mehr gegeben sind. Es kann auch zu einer Diskrepanz zwischen sexuellem Wünschen und Können kommen. Dann kann ein Mann »Gründe« finden, auf Sexualität zu verzichten; im Sinne des La Fontaineschen Fuchses, dem die Trauben zu hoch hängen. »Altersweisheit« ist oft eine Kombination nachlassender Wünsche und rationalisierenden Begründens. »Rationalisieren« wird hier so verstanden, daß ein Sachverhalt auf Gründe zurückgeführt wird, die entweder nicht bestehen oder den Sachverhalt nur teilweise erklären. Die La Fontainesche Fabel ist ein Beispiel für die Leugnung eines Wunsches (ich will die Trauben nicht haben, weil ich sie für sauer halte) im Unterschied zu dem wahren Grund (ich kann sie nicht erreichen). Hier kann man auch von Rationalisieren sprechen: Eine akzeptablere Begründung wird vorgeschoben.

Der wohl bekannteste Abwehrmechanismus, auch derjenige, der von Freud zuerst entdeckt wurde, ist die Verdrängung. Eine Vorstellung oder ein Wunsch wird aus dem Bewußtsein ausgeschlossen. Daneben gibt es eine ganze Reihe weiterer Abwehrmechanismen: solche, die Wünsche von einem Gegenstand auf den anderen verlagern (Verschiebung), abgelehnte Wünsche anderen zuschreiben (Projektion), oder zu einem inneren Bestandteil der eigenen Person machen, was nicht verlorengehen soll (Introjektion). Zusammenhängendes wird getrennt; aus einem kognitiven Zusammenhang bei der sogenannten Isolierung aus dem Zusammenhang; von den zugehörigen Gefühlen bei der Isolierung vom Affekt. Die Isolierung vom Affekt bezieht sich häufig auf Aggressives. Der aggressive Impuls wird dann bewußt. Es fehlt aber der Affekt, der mit ihm verbunden sein müßte. Ein aggressiver Impuls ohne aggressiven Affekt und ohne ein Motiv, das ihn erklärt, kann erschrecken. Das Fehlen von Motiv und Affekt verhindert aber, daß der Impuls ausgeführt wird. Eine klassische Darstellung der psychoanalytischen Abwehrmechanismen findet sich bei Anna Freud (1936), eine neuere bei König (1996).

In einem psychoanalytischen Sinne meint »verzichten«, daß ein Wunsch bewußt ist; es wird aber darauf verzichtet, sich ihn zu erfüllen. Unerfüllte Wünsche, deren Umsetzung in Handeln nachteilige Folgen hätte: soziale Ächtung, Bestrafung oder Selbstvorwürfe, können gefährlich sein, weil niemand so recht abschätzen kann, ob er nicht in eine Situation gerät, in der eine Erfüllung des Wunsches naheliegt; etwa, wenn einem katholischen Priester eine Frau nahe kommt, die attraktiv und willens ist, eine sexuelle Beziehung mit ihm einzugehen.

Unerfüllte Wünsche sind oft lästig, weil sie inneren Raum einnehmen und Aufmerksamkeit binden. Eine funktionierende Verdrängung hält solche Wünsche aus dem Bewußtsein fort. Versagt die Verdrängung, kann es zu neurotischen Symptomen kommen, die einen Kompromiß zwischen Impuls und Abwehr darstellen.

Während die Verdrängung Wünsche ganz aus dem Bewußtsein fernhält, sind alle anderen Formen der Abwehr unvollständig. Verdrängte Wünsche fehlen in Situationen, wo sie regelhaft auftreten. Das bewirkt eine »Lücke« (Cremerius 1968) im Erleben, die auffallen kann. Jemand, der in bestimmten Situationen immer eine solche Lücke aufweist, trägt diese Lücke als Charaktermerkmal mit sich herum. So können depressiv Strukturierte dadurch auffallen, daß sie nichts für sich wünschen.

Einige Persönlichkeitsstörungen sind durch das häufige Auftreten bestimmter Abwehrmechanismen gekennzeichnet. Eine Kenntnis der Abwehrmechanismen in ihren Funktionen ermöglicht Rückschlüsse auf das Abgewehrte. Deshalb spielt die Kenntnis der Abwehrmechanismen in der psychoanalytischen Diagnostik eine große Rolle. Manche Krankheitsbilder, nicht nur im Bereich der Persönlichkeitsstörungen, lassen sich ohne ihre Kenntnis nicht verstehen. Einem unmittelbaren, empathischen Zugang verschließen sie sich. In besonderem Maße gilt das für die Zwangsgedanken und Zwangsimpulse, bei denen es zu einer Isolierung aus dem Zusammenhang und vom Affekt kommt. Zwangsimpulse sind dem Diagnostiker ohne Kenntnis der Abwehrmechanismen ebenso unverständlich wie der Person, bei der sie auftreten.

Von den verschiedenen psychoanalytischen Schulen wird der Stellenwert von Abwehrmechanismen unterschiedlich eingeschätzt. Auch wird auf unterschiedliche Abwehrmechanismen besonders geachtet. Die amerikanische Ich-Psychologie betont die klinische Wichtigkeit der Abwehrmechanismen und knüpft an die Konzeptualisierung der Abwehrmechanismen durch Anna Freud (1936) an.

Die Schule von Melanie Klein konzentriert sich auf Abwehrmechanismen mit interpersonellen Auswirkungen, zum Beispiel die projektive Identifizierung (Klein 1946), wobei das Interesse mehr deren Ergebnissen als ihrer Funktionsweise gilt. Die Art und Weise, wie ein projektiv identifizierender Patient Gefühle und Impulse im Therapeuten erzeugt, scheint wenig zu interessieren; man hat den Eindruck, daß quasi-telepathische Vorgänge angenommen werden.

Daß ein Patient Teilobjekte mit den Qualitäten »gut« oder »böse« überträgt, hat aus der Sicht der Kleinianer etwas damit zu tun, daß unser Erwachsenenleben ständig vom unbewußten Kind in uns, den infantilen, unbewußt gewordenen Anteilen unserer Persönlichkeit, beeinflußt wird. Diese Einflüsse können erschlossen werden. Der kleinianische Analytiker faßt sie dann in körpernahe Metaphern. So spricht der Kleinianer von guter oder böser Brust oder von »Analysenmilch«, wie Segal (Greenson 1974) schon in der ersten Stunde einer Lehranalyse.

Aus Sicht der Kleinianer sind die Einflüsse unbewußter Phantasien immer wirksam, wobei manche Kleinianer, wie zum Beispiel Etchegoyen (1991), vernachlässigen, daß das analytische Setting Regression (s. Kapitel »Regression«, S. 45) induzieren und so den Anteil infantiler Determinanten am Erleben und Verhalten des Patienten verstärken kann. Etchegoyen schreibt, daß die Patienten in der Analyse nicht regredieren, sondern regrediert in die Analyse kommen, was unter anderem die Frage offen läßt, wie die Regression im Einzelfall ausgelöst wurde oder ob die Regression in der Natur einer jeden neurotischen Erkrankung liegt.

Die Diskussion um den Abwehrmechanismus »Spaltung« zeigt, daß man die Aufspaltung von Objekten in Gut und Böse entweder in dem Sinne verstehen kann, daß die Entwicklung eines Menschen partiell auf einer infantilen Ebene der Abwehr stehengeblieben ist, oder daß, infolge einer Entwicklungsstörung oder auch infolge von Regression, so intensive Emotionen auftreten, daß mit ihnen nur unter Einsatz von Abwehrmechanismen umgegangen werden kann, die im Alltagsleben keine Verwendung finden (vgl. Dorpat 1979; Reich 1995).

Diese Diskussion hat noch nicht dazu geführt, daß man zwischen der Annahme »Primitiver« Abwehrmechanismen und der Annahme »Abwehrmechanismen für Sonderfälle« im Sinne eines »Entweder-Oder« entscheiden könnte. Daß Menschen, die solche Abwehrmechanismen sonst nicht anwenden, sie im Zustand der Regression, zum Beispiel in Großgruppen, einsetzen können, spricht aber dafür, daß eine Entwicklungsstörung nicht in jedem Falle Voraussetzung für ihren Einsatz ist.

Die Abwehrmechanismen sind in der Psychoanalyse zentral, weil ihre Kenntnis verstehen läßt, wie in der menschlichen Psyche Grenzen zwischen bewußt und unbewußt gezogen werden, so bei der Verdrängung, oder wie unbewußte psychische Inhalte die Wahrnehmung der Außenwelt beeinflussen, zum Beispiel in der Projektion.

Abwehrmechanismen, die dazu dienen, Wahrnehmungen im Sinne einer Reizminderung zu verändern, lassen sich noch am ehesten ohne Bezugnahme auf das Unbewußte verstehen. Es leuchtet ein, daß jemand etwas, das ihm unangenehm ist, bagatellisieren möchte. Das Unbewußte kann die Bewertung beeinflussen, ähnlich, wie es bei jeder anderen Lebensäußerung beteiligt sein kann. An jeder Informationsverarbeitung kann Übertragung beteiligt sein, und eine jede Übertragung kann unbewußte Anteile haben.

Freilich gibt es Übertragungen, die unmittelbar auf erinnerte Realtraumen zurückgeführt werden können und in ihnen eine ausreichende Erklärung finden. Zwar kann man nicht ausschließen, daß daneben unbewußte Faktoren beteiligt sein können; für die praktische klinische Arbeit steht aber das Realtrauma zunächst im Vordergrund. Daß dem so ist oder sein sollte, ist eine Erkenntnis, die sich seit der Entwicklung von Traumatherapien durchgesetzt hat.

Heute ist allgemein akzeptiert, daß Abwehrmechanismen

Günstiges und Ungünstiges bewirken können. Man könnte sie mit einer Tür vergleichen. Eine Tür schützt vor Witterungseinflüssen und Eindringlingen. Wenn die Tür verschlossen ist, obwohl man hinaus möchte – draußen ist es nicht immer unangenehm –, wird man das als Nachteil empfinden. Das bewußte Ich als ein Haus hat Fenster und Türen. Der Zugang zum Keller kann verschlossen sein, obwohl dort erfreuliche Dinge, zum Beispiel Vorräte, gelagert sind, auf die man gerne Zugriff hätte; im Keller kann es aber auch stinken, so daß man die Tür zum Keller lieber verschlossen hält. Die Haustür ermöglicht eine Kommunikation mit der Außenwelt, ebenso die Fenster, die man öffnen und schließen, durch die man hindurchsehen und durch die man das Haus im Notfall verlassen oder betreten kann. Das bewußte Ich hätte also Türen und Fenster, die sich in der einen Situation als zweckmäßig, in der anderen als unzweckmäßig erweisen können.

Die Hausmetapher ermöglicht keine unmittelbare Illustration von Leugnung und Bagatellisieren. Man kann sich aber vorstellen, daß Bewohner des Hauses sich in Situationen, wo Türen oder Fenster offen oder geschlossen sein sollten und es nicht sind, vormachen, das spiele keine große Rolle.

Für die meisten Psychoanalytiker bedeutet »Charakter« in der Psychoanalyse ein ich-psychologisches Konzept, das sich auf die Weiterverarbeitung von Erfahrungen der ersten fünf Lebensjahre bezieht. Im Verarbeitungsprozeß spielen Abwehrmechanismen eine Rolle. Bekanntes Beispiel ist das Reinlichkeitsstreben von Zwanghaften: Beschmutzungsimpulse werden durch ihr Gegenteil abgewehrt. Man spricht hier von einer »Reaktionsbildung«. Ob es sich bei einem starken Reinlichkeitsbedürfnis um ein Krankheitssymptom im Sinne eines Charaktersymptoms handelt, hängt von der Ausprägung ab. Charakterneurosen, heute meist zu den Persönlichkeitsstörungen der Psychiatrie-Manuale gerechnet, wurden schon immer, heute am deutlichsten im DSM IV, in bezug auf soziale Erwartungen definiert.

Reaktionsbildung kann in Kombination mit anderen Abwehrmechanismen aber auch zu Symptomen führen, die nicht einfach als überstarke Ausprägungen von Charakterzügen aufgefaßt werden können. So liegen einem Waschzwang nicht nur negative Erfahrungen aus der Kindheit zugrunde, die bewirken, daß Wünsche durch ihr Gegenteil abgewehrt wurden und werden. Einem Waschzwang liegen aktuelle Beschmutzungsphantasien zugrunde, wobei es zu einer Kombination von Projektion und Reaktionsbildung kommt. Der Beschmutzungswunsch wird nach außen projiziert (nicht ich will meine Umwelt schmutzig machen, die Umwelt will mich schmutzig machen). Durch diesen aktuellen Projektionsvorgang kommt es zu einem oft verzweifelt wirkenden Bemühen, gegen das nach außen Projizierte und für real Gehaltene anzugehen.

Aus der Perspektive der Ich-Psychologie entsteht ein Charakter im Zusammenwirken von Abwehrmechanismen und Triebfixierungen. Triebwünsche werden in verschiedenen Entwicklungsphasen verdrängt, akzentuiert oder transformiert. Dabei handelt es sich um alternative Möglichkeiten. So können orale Triebimpulse in der oralen Entwicklungsphase blockiert (verdrängt) werden. Sie können aber durch »Fixierung« zu einem zentralen Modus der Triebbefriedigung werden.

Orale Triebimpulse können verdrängt sein, ihre Derivate aber die Persönlichkeit bestimmen. So kann ein Mensch, der oral bescheiden ist, also nichts für sich haben will, seine Beziehungen zu anderen Menschen, auch ohne es bewußt zu wollen, so gestalten, daß Versorgen und Versorgtwerden eine Rolle spielt. Geschieht Versorgen in einer sozial als wertvoll angesehenen Form, sprechen manche von Sublimierung. Ich selbst reserviere den Begriff »Sublimierung« für die Transformation von Wünschen, die sozial negativ bewertet werden, wie zum Beispiel die Transformation gieriger oraler Wünsche in eine sozial akzeptablere Form. Jemand verzichtet auf viel Essen, liest aber viel. Diese Verwendung des Begriffs »Sublimierung« schließt Manifestationen oraler Wünsche aus, auf die verzichtet wird und für die Ersatzbefriedigungen auf der Ebene unmittelbarer Triebbefriedigung gesucht werden (zum Beispiel Essen statt Liebe).

Die Objektbeziehungstheorie, verbunden mit dem Namen Melanie Klein, Fairbairn und Guntrip, in neuerer Zeit auch mit dem Namen Kernberg, der Objektbeziehungstheorie und Ich-Psychologie zu kombinieren sucht, sieht die Persönlichkeitsentwicklung vorrangig unter dem Einfluß von Projektion und Introjektion; letztere als Vorläufer der Identifizierung. Projektion beeinflußt die Objektbeurteilung, indem sie Wünsche des Selbst äußeren Objekten zuschreibt. Projiziert werden Selbstanteile, später auch Objektbilder aus der inneren Welt. Introjiziert werden äußere Objekte, mit denen dann Identifizierungen stattfinden. Die Ich-Psychologie berücksichtigt solche Vorgänge ebenfalls, sieht sie aber weniger im Vordergrund.

Kernberg (1978, 1988) hat Aspekte der von ihm ansonsten kritisch beurteilten Melanie Kleinschen Entwicklungspsychologie und Aspekte der Ich-Psychologie wie auch Konzeptualisierungen von Jacobson (1973, 1977) in einem eigenen Konzept verbunden. Er unterscheidet zwischen primitiven und reifen Abwehrmechanismen. Primitive Abwehrmechanismen sind nach Kernberg primitive Idealisierung, primitive Entwertung, primitive Leugnung und projektive Identifizierung, Dabei benutzt er eine engere Definition von projektiver Identifizierung, als ich das tue. Die von ihm mit dem Zusatz »primitiv« verbundenen Bezeichnungen von Abwehrmechanismen meinen Idealisierung, Entwertung und Leugnung mit weniger Bezug zur äußeren Realität, als dies bei Menschen ohne Frühstörungen der Fall ist. Bei der projektiven Identifizierung beschränkt er sich auf solche Formen, bei denen mit archaischen Objekt- und Selbstbildern identifiziert wird. Ich selbst (König 1996, 1998) sehe auch den interaktionellen Anteil einer Übertragung als eine Form der projektiven Identifizierung: Der interaktionelle Anteil der Übertragung bewirkt, daß das Objekt, auf welches übertragen wird, dem übertragenen Objekt ähnlicher wird. Der Übertragende oder projektiv Identifizierende tut das durch den Einsatz verbaler und nonverbaler Signale.

Die Abwehrmechanismen Verdrängung, Reaktionsbildung und Verschiebung kann man sich in einer »primitiven« Form schwerlich vorstellen. Insofern leuchtet es ein, daß Kernberg seine Aufzählung primitiver Abwehrmechanismen auf die oben genannten beschränkt.

Die komplexe Konzeptualisierung von Kernberg wirkt der Tendenz vieler Kliniker entgegen, einen Teil des Beobachtbaren auszublenden, um eine einfachere Sichtweise entwickeln zu können, die sich dann auch einfacher anwenden läßt. Allerdings läßt sich am Beispiel der projektiven Identifizierung zeigen, daß auch Kernberg vor Vereinfachungen nicht sicher ist – für ihn gibt es nur die projektive Identifizierung bei Frühstörungen als primitiven Abwehrmechanismus. Die Komplexität der Kernbergschen Konzeptualisierungen drückt sich in der Komplexität seiner Texte aus; an manchen Stellen vereinfacht er wieder. Seine theoretischen Ausführungen sollten in Verbindung mit seinen Falldarstellungen gelesen werden.

Die amerikanische Ich-Psychologie richtet ihr Augenmerk im wesentlichen auf die von Anna Freud 1936 in ihrem Buch »Das Ich und die Abwehrmechanismen« beschriebenen Mechanismen Verdrängung, Regression (was allerdings nicht immer als Abwehrmechanismus gesehen werden darf, zum Beispiel dann nicht, wenn Regression durch Übertragung auf Objekte ausgelöst wird, die dem frühen Mutterobjekt entsprechen), Reaktionsbildung, Isolierung, Ungeschehenmachen, Projektion, Introjektion, Wendung gegen die eigene Person, Verkehrung ins Gegenteil, Sublimierung, Identifikation mit dem Angreifer, altruistische Abtretung und Intellektualisieren. Eine breitere Darstellung verbietet sich hier aus Platzgründen. Sie erfolgte aus heutiger Sicht in meinem Buch »Abwehrmechanismen« (König 1996).

Der Einfluß von Abwehrmechanismen auf den Entwicklungsgang von Menschen im Erwachsenenalter ist insbesondere von Vaillant (1992, 1993) beschrieben worden. Mentzos (1976) beschrieb sogenannte interpersonale Abwehr in der Form psychosozialer Kompromißbildung (vgl. auch Heigl-Evers und Heigl 1979, König 1996).

Hoffmann (1987) betont, daß Abwehr nicht nur zur Vermeidung von Unlust, sondern auch zur Verbesserung des Selbstgefühls diente und wegen des Lustgewinns aus befriedigend funktionierenden Ich-Funktionen eingesetzt werde. Mit dem Lustgewinn aus befriedigenden Ich-Funktionen meint Hoffmann etwas, das ich gerne mit dem Bühlerschen Begriff (Bühler 1929) »Funktionslust« bezeichne. Den Einfluß von Abwehrmechanismen auf neurotische Stile beschreibt Shapiro (1965).

Die Kleinianer (Hinshelwood 1993) beschreiben Inkorporationen als weiteren Abwehrmechanismus. Er tritt in der frühen oralen Phase auf und geht mit einer Zerstörung des Objekts einher, was Schuldgefühle machen kann. Introjektion sehen die Kleinianer zwischen Inkorporierung und Identifizierung.

Es gibt gute und böse Introjekte. Zu einem introjizierten Objekt hat das Selbst eine Beziehung. Bei der Identifizierung ist das Objekt Teil des Selbst. Es ist gleichsam in das Selbst eingebaut. In der Depression wird ein introjiziertes Objekt als Teil des Selbst empfunden. Aggressionen werden zu Selbstvorwürfen. Als Oberbegriff für Inkorporation, Introjektion und Identifikation ist Internalisierung gebräuchlich.

Kernberg (1976, 1988a) versteht Strukturbildung als Resultat von Internalisierungsprozessen, die auf verschiedenen Ebenen der Ausreifung stattfinden.

Eine Zwischenstellung zwischen Übertragung und Charakter scheint der von Luborsky (Luborsky, Crits-Cristoph 1990) beschriebene zentrale Beziehungskonflikt einzunehmen. Der Beziehungskonflikt beschreibt das Wünschen einer Person, die Reaktion des Gegenüber ob dem ihm vermittelten Wunsch und die Reaktion des Wünschenden auf die Reaktion des Gegenüber. Ein

Beispiel: Mann und Frau sitzen beim Frühstück, der Mann liest Zeitung. Die Frau sagt: »Warum sprechen wir nicht mehr miteinander?« Der Mann sagt: »Schlag ein Thema vor.« Die Frau schweigt und denkt etwas Herabsetzendes. Der Wunsch der Frau wird vom Mann nicht so verstanden, wie sie ihn gemeint hat. Darauf reagiert sie mit Schweigen und Abwertung. Am Arbeitsplatz geht es ähnlich: Dort macht sie Vorschläge, ohne die damit verbundenen persönlichen Wünsche direkt zu äußern. Ihre Vorschläge werden zurückgewiesen. Die Frau zieht sich in ein gekränktes Schweigen zurück.

Hier kann man annehmen, daß jeweils eine bestimmte Person, zum Beispiel der Vater, übertragen wird. Man kann aber auch annehmen, daß es sich um eine »Charakterübertragung« handelt, also um eine stereotype Reaktion, die von den Primärerfahrungen abgekoppelt ist. Die Unterscheidung wäre durch eine Untersuchung der Spezifität der Auslöser für dieses Verhalten möglich. Man müßte also noch mehr über die Beziehungskonstellationen im Beziehungsfeld der Frau wissen.

Wie man Charakter auffaßt, hängt von theoretischen Vorstellungen bezüglich der menschlichen Psyche ab. Objektbeziehungstheoretiker gehen davon aus, daß man in seinem Handeln durch die Beziehungen des Selbst zu den Objektrepräsentanzen beeinflußt wird, die Bestandteil der inneren Welt eines jeden Menschen sind. Die Beziehungen des Selbst zu den inneren Objekten beeinflussen also die aktuellen Beziehungen.

Welche Aspekte eines inneren Objekts übertragen werden, hängt vom aktuellen Zustand des Selbst ab. Das Selbst kann von Regression (s. a. Kapitel »Regression«, S. 45) betroffen sein. Dann werden frühere Erfahrungen wirksam, als wenn keine Regression stattfindet. Regression kann durch Angst oder durch Krankheit bewirkt werden, aber auch durch die Übertragung selbst. Das heißt, ein potenter Übertragungsauslöser kann Objekte aus der Frühzeit des Erlebens aktivieren. Das Selbst regrediert dann auf diese Entwicklungsstufe.

Am Charakter kann man arbeiten, indem in der Therapie Regression induziert wird. Man beeinflußt dann die Wurzeln der Entwicklung. Arbeitet man ohne induzierte Regression, und kommt der Patient nicht schon regrediert in die Therapie, sind die Möglichkeiten einer Beeinflussung des Charakters geringer. Oft muß man sich darauf beschränken, die Realität der Wahrnehmungen eines Patienten zusammen mit ihm zu untersuchen und sein Verhalten auf Zweckmäßigkeit hin anzusehen. Hier überschneidet sich eine analytisch orientierte oder tiefenpsychologisch fundierte Psychotherapie, die keine oder eine sehr begrenzte Veränderung der Struktur anstrebt, in ihrem Vorgehen mit der kognitiven Verhaltenstherapie.

Veränderungen an den Beziehungen zu den frühen Objekten können stattfinden, ohne daß die Beziehung selbst erinnert wird. Man arbeitet dann in der Übertragung. Störungen, die zu einer Zeit entstanden sind, als das Erinnerungsvermögen schwach ausgebildet war oder fehlte, wird man *nur* so bearbeiten können. Ein großer Teil der von Kernberg vorgeschlagenen therapeutischen Vorgehensweisen verzichtet auf die Erinnerung frühen Erlebens und auf Rekonstruktionen, die sich auf jene Zeit beziehen. Wenn ein Analytiker Rekonstruktionen wagt, muß er sich auf seine eigenen Phantasien stützen oder auf Berichte des Patienten über Dinge, die ihm erzählt wurden – also auf Berichte aus zweiter Hand. Die Berichte können mehr oder weniger zutreffen. Ein Bericht über einen Krankenhausaufenthalt der Mutter im ersten Lebensjahr des Patienten wird wahrscheinlich zutreffen, Berichte über das Erleben der Mutter in jener Zeit wird man als unsicherer einstufen müssen. Das gilt weniger, aber doch auch für berichtetes Verhalten des Patienten selbst in einer Zeit, wohin seine Erinnerung nicht zurückreicht.

Ichstrukturelle Störungen – Entwicklungspathologie

Von einer ichstrukturellen Störung spricht man dann, wenn die Ich-Funktionen nicht »normal ausgebildet« oder »ausgereift« sind. Der Begriff der ichstrukturellen Störung ist eng mit Normalitätsvorstellungen verknüpft. Er hat auch Bezug zum Begriff Begabung. Ich-Funktionen, auch solche, die nicht dem Intelligenzbereich im engeren Sinne zuzuordnen sind, können durchschnittlich, überdurchschnittlich und unterdurchschnittlich ausgebildet sein.

Manche Ich-Funktionen sind aus mehreren zusammengesetzt; zum Beispiel gilt das für die komplexe Fähigkeit, interpersonelle Situationen zu beurteilen. Andere, wie die Impulskontrolle, sind einfacher strukturiert; es gilt bei der Impulskontrolle, gar nicht oder abgestuft zu handeln. Auch hier muß man differenzieren: zwischen der Fähigkeit, Impulse bei sich zu behalten, und der Fähigkeit, mit seinen Impulsen situationsadäquat umzugehen, was bedeuten kann, daß man die Impulse teilweise herausläßt oder sie transformiert. So kann ein Impuls, zuzuschlagen, in eine verbale, situationsadäquate Aggression umgewandelt werden.

Rudolf (1993, Rudolf et al. 2002) unterscheidet zwischen konfliktbedingten und strukturellen Störungen, wobei er mit »strukturell« schwerpunktmäßig ichstrukturell meint. Anna Freud (1978) sprach von Entwicklungs- und Konfliktpathologie. Die ichstrukturellen Störungen sind der Entwicklungspathologie zuzuordnen.

Auch bei einer Konfliktpathologie können Ich-Funktionen gelähmt sein. Neben der mehr oder weniger starken *Ausbildung* zweckmäßiger oder unzweckmäßiger Abwehrinformationen gibt es also einen *konfliktbedingten Ausfall* oder eine *konfliktbedingte Minderung* von Ich-Funktionen. Sind Ich-Funktionen längere Zeit durch Konflikte gelähmt, können sie gleichsam atrophieren.

In dem Fall stehen sie auch dann nicht gleich zur Verfügung, wenn die Konflikte gelöst werden.

Auch deshalb können Konflikt- und Entwicklungspathologie voneinander nicht scharf getrennt werden. Es handelt sich nicht um kategoriale, sondern um dimensionale Unterschiede, und das nicht nur in einem Übergangsbereich: Ich würde so weit gehen zu behaupten, daß es eine reine Konfliktpathologie und eine reine Entwicklungspathologie nicht gibt, sondern daß man immer nur von mehr oder weniger stark ausgeprägten Anteilen an Entwicklungs- und Konfliktpathologie sprechen kann.

Unterscheidungsprobleme zwischen Entwicklungspathologie und Konfliktpathologie

In den Diskussionen um den Anteil ichstruktureller Störungen an der Entstehung von Pathologie drückt sich eine zunehmende Tendenz aus, Wechselwirkungen zwischen Entwicklungs- und Konfliktpathologie zu ergründen. Weiter vorne in diesem Buch (S. 34 f.) bin ich auf die Frage eingegangen, ob Spaltung einen einheitlichen Abwehrmechanismus sui generis darstellt, oder ob sie durch das Zusammenwirken mehrerer Abwehrmechanismen entsteht. Letztere Auffassung ist mit der Vorstellung vereinbar, daß ichstrukturelle und konfliktbedingte Störungen schwer voneinander abzugrenzen sind.

Als Motiv für Spaltung wird im allgemeinen angenommen, daß jemand einem Menschen gegensätzliche Eigenschaften oder Handlungsweisen zuschreibt und es nicht ertragen kann, beide in einer Person vorhanden zu wissen, weil das »Böse« das »Gute« zerstören oder entwerten würde. Schreibt er das Gute und das Böse verschiedenen Personen zu, wird das Gute dadurch geschützt.

Die »guten« und »bösen« Zuschreibungen Frühgestörter sind von archaischer Schwarz-Weiß-Qualität. Auch die Intensität macht sie unvereinbar.

In dem Zusammenhang ist es von Interesse, den Abwehrmechanismus »Isolierung aus dem Zusammenhang« mit dem Abwehrmechanismus »Spaltung« zu vergleichen. Die Isolierung aus dem Zusammenhang unterbricht Verbindungen. Ein Zwangsimpuls ist bewußt, aber nicht sein Motiv. Der Zwangsimpuls erscheint dem, der ihn empfindet, absurd, oder er ängstigt ihn. Das mindert die Wahrscheinlichkeit, daß er ausgeführt wird.

Isolierung vom Affekt könnte man als Sonderform der Isolierung aus dem Zusammenhang auffassen. Unterbrochen wird hier der Zusammenhang zwischen Vorstellungsinhalt und Affekt; der Affekt bleibt verdrängt. Wenn Zwangsimpulse ohne den zugehörigen Affekt ins Bewußtsein treten, mindert das Fehlen des Affekts die Wahrscheinlichkeit, daß sie in Handeln umgesetzt werden.

Bei der Spaltung werden ebenfalls Verbindungen unterbrochen. Das »Gute«, das man einem Menschen zuschreibt, wird vom »Bösen« getrennt. Je nachdem, ob das »Gute« oder das »Böse« ausgeblendet wird, kommt es zur Wahrnehmung nur guter oder nur böser Personen. Das »Ausblenden« könnte etwas mit Verdrängung zu tun haben, aber auch mit Leugnung. Die *auch* guten oder *auch* bösen Eigenschaften von Personen werden beim Spalten von der Wahrnehmung ausgeschlossen. Zwar läßt sich jemand, der spaltet, unter Umständen davon überzeugen, daß es »eigentlich« keine nur guten oder nur bösen Menschen geben kann. Diese Einsicht bleibt aber auf das Denken beschränkt. Der Spaltende erlebt dennoch, daß die Personen, mit denen er es zu tun hat oder zu tun hatte, nur gut oder nur böse sind.

Regression

Unter Regression versteht man die teilweise Wiederherstellung eines früheren psychischen Zustands. Regression kann durch unangenehme Affekte ausgelöst werden, die in einer bestimmten

Situation entstehen. Die Psyche zieht sich dann gleichsam aus der Gegenwart zurück. Zwar funktioniert sie weiter, aber auf einem früheren Niveau. Jemand erlebt und verhält sich ähnlich (nicht gleich), wie er als Kind erlebt und sich verhalten hat. Er bleibt der Erwachsene, sein Erleben und Verhalten sind aber kindlicher geworden.

Wenn der Mensch nicht mehr über alle Körperfunktionen verfügt, zum Beispiel nach einem Unfall, regrediert sein Selbst. Er fühlt sich hilflos und auf die Hilfe anderer angewiesen. Eine Krankenschwester wird dann als mütterliches Objekt wahrgenommen. Gesundet der Unfallpatient, sieht er sie vielleicht als mögliche Partnerin, die ihn sexuell anzieht.

Man unterscheidet die Triebregression, als Regression auf ein Stadium, wo ein gewisser Trieb im Vordergrund stand und wo bestimmte, zum Beispiel orale, Beziehungswünsche vorherrschten, von der Ich-Regression. Unter Ich-Regression versteht man die Regression der Ich-Funktionen auf ein früheres Stadium. Die beiden Formen der Regression können gemeinsam auftreten. So kann jemand in einer Situation, in der er eine Leistung nicht vollbracht hat, die er von sich erwartete, und deshalb Schuldgefühle empfindet oder sich schämt, Triebregression erleben. Er geht einkaufen oder essen, ohne daß die erwachsenen Ich-Funktionen wesentlich beeinträchtigt sind.

Ich-Regression kann zu einem Zustand der eigenen Hilflosigkeit führen. Wird nicht geholfen, tritt Angst auf, die wiederum Triebregression auslöst.

Regression kann auch durch Übertragung ausgelöst werden. So findet Regression in wenig strukturierten Großgruppen statt. Die Gruppe wirkt als Übertragungsauslöser für die Übertragung eines frühen Mutterobjekts, weil sie im Vergleich zum einzelnen Gruppenmitglied größer und mächtiger ist, so wie die Mutter es dem Säugling gegenüber war.

Wohin jemand in einer bestimmten Situation regrediert, hängt vom Charakter ab. Häufig (nicht immer) bleibt Regression in einem Entwicklungsstadium stehen, das im Charakter eine besondere Bedeutung gewonnen hat. So kann ein Mensch mit depressiven, zwanghaften und hysterischen Strukturanteilen zu einem dysfunktional sichernden Verhalten regredieren und dann dysfunktional versuchen, die Situation unter Kontrolle zu halten. Er kann aber auch auf die depressive oder orale Stufe regredieren, passiv werden oder anfangen, viel zu essen.

Das heißt, daß in der Regression verschiedene Komponenten eines Charakters in den Vordergrund treten können. Sie manifestieren sich auf einem Kontinuum zwischen erwachsenem und kindlichem Erleben zu der Zeit, als die entsprechende Charakterkomponente entstand.

In psychoanalytischen Therapien wird Regression bekanntlich gefördert, um am kindlichen Erleben und Verhalten arbeiten zu können, das den Kern des Erwachsenenverhaltens darstellt, sich aber nicht an der »Oberfläche«, sondern in der »Tiefe« befindet und in der Regression an die Oberfläche kommt. Frühere Erlebens- und Verhaltensweisen, die im therapeutischen Prozeß bewußt geworden sind, können durch neue Erfahrungen verändert werden.

Klinisch wichtig ist die Unterscheidung zwischen Regression und Entwicklungsstörung. In der Regression kehrt ein Mensch partiell in ein Entwicklungsstadium zurück, das er vorher verlassen hat. Bei einer Entwicklungsstörung ist der Betreffende partiell in einem früheren Entwicklungsstadium verblieben. Da die Umwelt aber ein »erwachsenes« Verhalten erwartet und fordert, und weil der Entwicklungsstillstand in der Regel nur in Teilbereichen erfolgt ist, kommt es zu Veränderungen, die mit der ungleichen Entwicklung in verschiedenen Teilbereichen zusammenhängen. Zum Beispiel kann die intellektuelle Entwicklung relativ ungestört verlaufen, nicht aber die emotionale, die partiell auf einem frühen Entwicklungsstand stehengeblieben ist. Der Betreffende wird dann seine intellektuellen Fähigkeiten einsetzen, um mit Beziehungsproblemen fertigzuwerden, die er ohne den emotionalen Entwicklungsstillstand nicht hätte. Daneben wird er auch andere Ich-Funktionen einsetzen, auch Abwehrmechanismen.

Eine Frage ist, ob man Abwehrmechanismen, die man bei Frühgestörten findet, als Persistieren unreifer Abwehrmechanismen betrachten kann, wie Kernberg (1987, 1988a) das tut, oder ob es sich, insbesondere bei der Spaltung, um ein Zusammenwirken erwachsener Abwehrmechanismen handelt, deren Einsatz es ermöglicht, mit Affekten, die gleichsam kindlich geblieben sind, erträglich umzugehen. Spaltung wäre dann eine erwachsene Lösung im Umgang mit kindlichen Gefühlen.

Bindungstheorie und Psychoanalyse

Im letzten Jahrzehnt hat sich das Interesse vieler Psychoanalytiker den Bowlbyschen Bindungskonzepten zugewandt. Fonagy (2003) hat den bisher überzeugendsten Versuch gemacht, Psychoanalyse und Bindungstheorie aufeinander zu beziehen. Im deutschen Sprachraum haben Lotte Köhler (1995), Brisch (1999) und, in einer Einzelfall-Studie, Buchheim und Kächele (2001) Verbindungen zwischen Psychoanalyse und Bindungstheorie dargelegt. Voraussichtlich wird die weitere Entwicklung, wie das in der Psychoanalyse bisher immer der Fall war, einerseits von Einzelfall-Studien ausgehen, wofür die Arbeit von Buchheim und Kächele ein Beispiel darstellt; andererseits von Untersuchungen an einer größeren Zahl von Patienten, die aus psychoanalytischer *und* bindungstheoretischer Perspektive untersucht werden. Auch empirisch-statistische Untersuchungen, die auf die Anwendung psychoanalytischer Konzepte und Untersuchungsverfahren verzichten, könnten von klinischen Theoretikern aus psychoanalytischer Sicht interpretiert werden. Von Fonagy wurde dieser Weg in seiner Monographie über Bindungsforschung und Psychoanalyse neben anderen beschritten. Da die psychoanalytischen Theorien breiter angelegt sind und einen höheren Komplexitätsgrad haben als die Bindungstheorie, erscheint mir die Integration der Bindungsforschung in die Psychoanalyse leichter zu bewerkstelligen als umgekehrt eine Integration der Psychoanalyse in die Bindungstheorie. Letztere bezieht ein gut Teil ihrer Faszination aus Einfachheit.

Daß in der Einfachheit bindungstheoretischer Konzepte auch eine Gefahr liegt, zeigen Versuche, die Agoraphobie im Bowlbyschen Sinne als Angst unsicher Gebundener zu interpretieren. Agoraphobie ist ein komplexeres Krankheitsbild, als Bowlby annahm.

Die Bindungstheorie kann aber Ergänzungen liefern, die es ermöglichen, bestimmte Unterformen von Agoraphobie zu erklären. So dürfte es Agoraphobe geben, die jedesmal Angst bekommen, wenn sie sich von Schutzpersonen entfernen, ohne daß eine Versuchungssituation besteht. Nach meinen bisherigen Beobachtungen handelt es sich dabei in erster Linie um Agoraphobe mit einem erheblichen ichstrukturellen Störungsanteil, während solche Agoraphoben, für die die Straße eine Versuchungssituation darstellt (König 1981), eine umschriebenere Störung der Ich-Entwicklung aufweisen; meiner Vorstellung nach in Bereichen, wo die Ausreifung der Ich-Funktionen, die für den Erwerb sozialer Kompetenzen notwendig sind, durch eine mangelhafte Entwicklung des inneren steuernden Objekts beeinträchtigt wurde.

Bowlbys Bindungstheorie und das Verstehen in der Therapie

Man kann sich die Frage stellen, was das Bowlbysche Bindungskonzept zum Verstehen der *Wirkungsweise* von Psychotherapie beiträgt.

Als Voraussetzung dafür, daß ein sicher gebundenes Verhalten entsteht, wird ein adäquates Verhalten der Betreuungspersonen angesehen. Die Mutter oder sonst eine Person, die mit dem Kind betreuend umgeht, muß dessen Bedürfnisse erkennen. Sonst wird sie den Bedürfnissen nicht gerecht werden. Der Säugling kann sich mit Sprache noch nicht verständigen, das Kleinkind unzureichend. Nonverbales Verstandenwerden hat für das Kind existentielle Bedeutung.

In Therapien erlebt der Patient, daß der Therapeut sich um Verstehen bemüht und ihn zu verstehen scheint. Dabei kommt es nicht darauf an, daß der Therapeut Sachverhalte zutreffend aufnimmt und sein Verstehen »wahr« ist. Es genügt, daß der Patient den Eindruck bekommt, dies sei so. Ein solches Verstehen zeigt sich nach Stern (Stern u.a. 1998) in besonderen »Momenten der Begegnung«. In solchen Augenblicken erfährt der Patient besonders eindringlich, daß der Therapeut ihn versteht. Das ist für ihn eine wesentliche Erfahrung, die Einfluß auf die Beziehung hat. Macht er solche Erfahrungen mehrmals über einen längeren Zeitraum, kann sich das Bindungsverhalten ändern: etwa vom vermeidenden, narzißtisch-autonomen zu einem sicheren Bindungsverhalten. Äußert der Therapeut sein Verstehen bei einem Patienten mit einer ambivalent-verstrickten Bindungsform, indem er die Ambivalenzen benennt und sie toleriert, kann auch das zu einer sicheren Bindungsform hinführen.

Wenn Bindungssicherheit schon zu Anfang einer Therapie vorhanden ist, ist das günstig für eine Therapie. Interventionen des Therapeuten werden von Beginn an mit wenig Angst erlebt, weil der Patient erwartet, daß der Therapeut sich so verhält, daß sein Handeln paßt und nicht schadet.

Beziehungskonstellation als Übertragungsauslöser

Bestimmte Aspekte einer Beziehung können Übertragungen auslösen. Die Übertragungen verändern die Beziehung. Sie verändern nicht nur die Wahrnehmung des Übertragenden, sondern auch das Erleben und Verhalten dessen, auf den übertragen wird. Übertragung ist mit Zuschreibungen verbunden, die verbal ausgedrückt und auch nonverbal vermittelt werden können. Dadurch können sich die Übertragungsauslöser ändern. Der Begriff »Übertragungsauslöser« wird hier also in einem dynamischen Sinne gebraucht. Der interaktionelle Anteil der Übertragung oder die projektive Identifizierung vom Übertragungstyp (König 1998b) beeinflußt die Person, auf die übertragen wird, wodurch sie dem übertragenen Objekt in ihrem Verhalten ähnlicher wird.

Neben den übertragungsbedingten Wünschen wirken realitätsbezogene Wünsche auf die Beziehung ein. Zu ihnen gehört zum Beispiel der Wunsch eines Kranken nach Hilfe. In welcher Form dieser Wunsch sich manifestiert, hängt von inneren und situativen Gegebenheiten ab.

Charakterbedingtes Verhalten kann als Übertragungsauslöser wirken. Es bedingt Verhaltensweisen, die das Gegenüber an die Verhaltensweisen von Personen erinnern, mit denen es früher interagiert hat.

Übertragung und Charakter

Wie wir uns erleben und uns verhalten, hängt von frühen Erfahrungen ab. Diese Erfahrungen können direkt wirksam sein, aber auch in weiterverarbeiteter Form. An der Weiterverarbeitung sind Abwehrmechanismen beteiligt.

Übertragungen werden durch Merkmale von Personen und durch Beziehungskonstellationen ausgelöst. Charakterbedingte Verhaltensweisen werden ebenfalls durch Beziehungskonstellationen und Merkmale des Gegenübers ausgelöst. Die Auslöser haben aber eine geringere Spezifität als bei der Übertragung. Man kann auch sagen, daß eine Generalisierung stattgefunden hat.

Übertragungsbedingtes und charakterbedingtes Verhalten kann man sich auf einem Kontinuum vorstellen. Am Übertragungspol findet man die direkte Wirksamkeit von inneren Bildern, Imagines oder Objektrepräsentanzen in Verbindung mit den Zuständen des Selbst zu jener Zeit, als sie entstanden. Ob Übertragung stattfindet, hängt von dieser Übertragungsdisposition und vom Vorhandensein eines Übertragungsauslösers ab, aber auch von der Intensität der Übertragungswünsche. Diese sind geringer, wenn bereits anderweitig übertragen wird.

Der Charakterpol des Kontinuums ist dadurch gekennzeichnet, daß *Weiterverarbeitungen* ursprünglicher Erfahrungen wirksam sind und daß die Auslöser für eine »Charakterübertragung« (Sandler et al. 1992) eben unspezifischer sind als die Auslöser für eine Übertragung.

Jemandem, der sich seinem Charakter entsprechend verhält, kommt es nicht in den Sinn, daß er sich anders verhalten könnte, als er es tut. Das ist es, was allgemein als Ich-Syntonizität bezeichnet wird. Die Ich-Syntonizität eines charakterbedingten Verhaltens schließt aber nicht aus, daß der Betreffende unter den *Folgen* dieses Verhaltens leidet. Das kann man gut an den Arbeitsstörungen (König 1998a) sehen. Jemand muß so und kann nicht anders arbeiten; die Arbeitsproduktivität ist dabei eingeschränkt, und darunter leidet er, weil er seinen eigenen Ansprüchen nicht genügen kann oder mit dem Arbeitgeber, den Kunden oder den Klienten in Schwierigkeiten gerät.

Unterschiedliche Erfahrungen bewirken oft Ähnliches. Man kann auch sagen, daß unterschiedliche Biographien von Menschen in bestimmte Charaktertypen münden.

In der Regel kommen Charaktertypen nicht rein vor. Meist kombinieren sich mehrere. Wenn man einen bestimmten Charakteranteil zu erkennen meint, ist es sinnvoll, nach weiteren, für diesen Charakter typischen Erlebens- und Verhaltensweisen zu suchen.

Wenn erwartete Erlebens- und Verhaltensweisen nicht auftreten, hat das aber oft damit zu tun, daß andere, ebenfalls vorhandene Charakterzüge sich der Ausbildung bestimmter Erlebens- und Verhaltensweisen entgegenstellen, sie kompensieren oder sie überdecken. Wir haben es hier mit einer Fehlerquelle empirischer Psychotherapieforschung zu tun, die vor allem dann auftritt, wenn sie von vereinfachenden Konzeptualisierungen menschlicher Entwicklung ausgeht.

Bei Persönlichkeitsstörungen ist es allgemein akzeptiert, daß sie in Komorbidität mit anderen Persönlichkeitsstörungen auftreten können. Das gleiche gilt natürlich für Charakterstrukturen.

Umweltbedingungen und Kombinationen von Charakterzügen

Gleiche Umweltbedingungen können unterschiedliche Persönlichkeitsstrukturen hervorrufen; umgekehrt können gleiche Persönlichkeitsstrukturen bei verschiedenen Umweltbedingungen entstehen, wie die klinische Erfahrung zeigt. Warum das so ist, läßt sich vermuten.

Zunächst einmal spielt die genetische Ausstattung eine Rolle. Zwillingsuntersuchungen (z.B. schon Schepank 1991; Faller 2003) haben gezeigt, daß Charakterzüge bei eineiigen Zwillingen häufiger gleich sind als bei zweieiigen Zwillingen, wenn die Zwillinge getrennt aufwachsen. Eineiige Zwillinge, die zusammen aufwachsen, entwickeln sich aber nicht völlig gleich. Vermutlich hängt das damit zusammen, daß die Eltern mit den Zwillingen unterschiedlich umgehen. Ein solcher unterschiedlicher Umgang kann durch Unterschiede bei der Geburt ausgelöst werden. Der Erstgeborene wird als der »ältere« gesehen, auch wenn er nur um Minuten älter ist. Manche Eltern suchen nach Unterschieden, weil es sie irritiert, mit zwei gleich aussehenden Kindern umgehen zu sollen, die zu unterscheiden sie sich verpflichtet fühlen. Zum Beispiel »gehört« einem jeden Zwilling sein Name, schon deshalb darf er nicht verwechselt werden. Unterschiede zwischen den Zwillingen entstehen auch durch Projektionen der Eltern, die etwas mit ihren Wünschen an die Kinder zu tun haben. So kann der Wunsch entstehen, daß sich bestimmte Eigenschaften auf mehrere Kinder verteilen. Die unterschiedlichen Wünsche können schon in der Namensgebung einen Ausdruck finden. So kann von einem Zwillingskind erwartet werden, daß es in die Welt hinausgeht und Erfolg hat; vom anderen, daß es bei den Eltern bleibt. Die Ambivalenz, die in den nebeneinander bestehenden Wünschen liegt, ein Kind möge in die Welt hinausgehen und Erfolg haben und es möge bei den Eltern bleiben – eine Ambivalenz, die man oft bei Eltern findet –, verteilt sich gleichsam auf die beiden Zwillinge. Der eine Zwilling soll gehen und Erfolg haben, der andere bei den Eltern bleiben und sich um sie kümmern.

In der Namensgebung findet eine solche Ambivalenz darin ihren Ausdruck, daß sie für den einen Zwilling das In-die-Welt-Hinaus-Gehen und die Hoffnung auf Erfolg ausdrückt, wie zum Beispiel der Name Sigmund es tut, während der andere Zwilling einen Namen erhält, der dem des Partners ähnelt, oder dessen Namen oder vielleicht den Namen eines Großelternteils erhält. An diesen Zwilling wird dann der Wunsch gerichtet, er möge bleiben, so wie das auch vom Partner gewünscht wird oder von Großvater oder Großmutter erfahren wurde. Der Gebrauch des Namens im Umgang mit dem Kind verstärkt dann die Wünsche, an die der Name erinnert.

Außerdem wirken auf jedes Kind nicht nur die Eltern ein, sondern auch andere Menschen, mit denen es Kontakt aufnimmt, zum Beispiel in der Schule. Sie bestimmen seinen Lebenslauf mit und bewirken durch ihre unterschiedlichen Einflüsse, daß sich die Zwillinge verschieden entwickeln, was wiederum von den Eltern wahrgenommen wird und ihr Verhalten gegenüber dem Kind mitbestimmt. Für Menschen außerhalb der Familie haben die Namen meist nicht die genau gleichen Bedeutungen wie für die Eltern der Zwillinge, was das Verhalten der auswärtigen Beziehungspersonen mitbestimmt.

Die Unterschiede im Umgang der Eltern mit den Kindern sind also nicht unbedingt größer, wenn sich die Kinder im Aussehen und vielleicht auch im Temperament unterscheiden, wie dies bei zweieiigen, nicht erbgleichen Zwillingen der Fall ist.

Insgesamt kann man keinesfalls erwarten, daß Kinder, die in der gleichen Familie aufwachsen, den gleichen Umwelteinflüssen ausgesetzt sind, wie das von seiten mancher Betrachter geschieht, die von einer »Familienatmosphäre« sprechen. Die Annahme, es käme auf die gesamte »Familienatmosphäre« an, kann zum Beispiel durch Konzepte gestützt werden, die aus der Familientherapie stammen; so etwa die »Sanatoriumsfamilie« oder die »Festungsfamilie« von Horst Eberhard Richter (1972) oder das Konzept der »unstrukturierten Familien-Ich-Masse« von Murray Bowen (1976). Man ist wohl kaum berechtigt anzunehmen, daß die Therapeuten, von denen diese Konzepte stammen, aus dem Vorliegen einer »Sanatoriumsfamilie« oder einer »Festungsfamilie« oder einer »undifferenzierten Familien-Ich-Masse« geschlossen haben, daß alle Kinder, die in der Familie aufwachsen, nur den Einflüssen ausgesetzt sind, die mit diesen Termini bezeichnet werden. Der sorglose Gebrauch solcher Konzepte kann aber zu derartigen Fehlannahmen führen oder sie begünstigen.

In der schönen Literatur spielen die Unterschiede zwischen Geschwistern eine große Rolle, sowohl im Bereich der Märchen wie in Romanen (man denke an Thomas Manns Buddenbrooks) oder in Dramen (man denke an Shakespeares König Lear). Es gibt Versuche, den Einfluß der Stellung eines Geschwisters in der Geschwisterreihe systematisierend zu konzeptualisieren (z.B. Toman 1974; Kreische 1998). Auch Untersuchungen, die zeigen, daß Kinder, die eine gute Beziehung zu wenigstens einem Menschen hatten, gegen psychische Krankheiten geschützter sind als Menschen, denen dies versagt blieb (Tress 1986, Reister 1995), machen deutlich, welche Rolle *eine* Beziehung für die Entwicklung eines Menschen haben kann.

Für jede Entwicklungsphase eines Menschen im Laufe der ersten fünf Lebensjahre, wo die meisten Prägungen stattfinden, spielen nicht nur die aktuellen Umweltbedingungen, sondern auch alle bereits vorhandenen Vorerfahrungen und deren Auswirkungen eine Rolle. Wie die ödipale Entwicklungsphase durchlebt wird, hängt entscheidend davon ab, ob und wie weit vorher eine Triangulierung erfolgt ist oder ob es sich um einen Menschen handelt, der auf die Zweierbeziehung fixiert geblieben ist. Eine schizoide, narzißtische, depressive, zwanghafte oder phobische Struktur bedingt Unterschiede im Erleben und Bewältigen der ödipalen Entwicklungsphase.

Exkurs: Warum können Psychoanalytiker schlechte Menschenkenner sein?

Psychoanalytiker erfahren von ihren Patienten viel über Menschen, nicht nur im direkten Umgang mit ihnen. Die Patienten erzählen viel über sich und über ihren Umgang mit anderen Menschen.

Sie tun das aber in einer speziellen Situation, in der spezifische Kommunikationsregeln gelten. Der Patient soll offen über sich selbst und über seine Beziehungen sprechen. Solche Mitteilungen macht ihm der Analytiker nicht oder nur dann, wenn er meint, daß es dem Patienten nützen könnte.

Begegnet der Psychoanalytiker Menschen außerhalb einer therapeutischen Situation, gelten andere Kommunikationsregeln. Die Menschen sind dann meist nicht so offen. Der Psychoanalytiker muß sich, wie andere auch, nach Beobachtungen richten, aus denen er dann allerdings, aufgrund seiner Fachkenntnisse, besondere Schlußfolgerungen ziehen kann. Dabei muß er offen an den Tag gelegtes Verhalten ebenso berücksichtigen wie das, was er unter der psychischen Oberfläche vermutet.

In symmetrischen sozialen Situationen gilt es, mit der »Persona« des Gegenübers umzugehen und den Betreffenden nicht dadurch zu verschrecken, daß er ihn so behandelt, als läge das Darunterliegende zutage.

Eingeschränkt gilt dies auch für die therapeutische Situation. Der Therapeut muß bei seinen Interventionen darauf achten, den Patienten nicht durch unvorbereitete Deutungen zu erschrecken, die sich auf das »Darunterliegende« beziehen. Mit dem Patienten hat er aber explizit oder implizit die Vereinbarung getroffen, ihm zu einem Zeitpunkt, den er für geeignet hält, mitzuteilen, was er unter der Oberfläche vermutet, weil das dem Patienten helfen kann. Eine solche Vereinbarung besteht nicht außerhalb einer therapeutischen Situation.

Ausbildungskandidaten, die von der Psychoanalyse fasziniert sind und ihre neu erworbenen Kenntnisse anwenden wollen, tun oft genau das, was ein Psychoanalytiker im sozialen Umgang vermeiden sollte: Sie wenden Deutungen an, zu denen sie kein therapeutischer Vertrag berechtigt und die das Gegenüber nicht erwartet.

Deutet ein Psychoanalytiker oder ein psychoanalytischer Ausbildungskandidat in einem Gespräch, wird das im Gegenüber meist einen Widerstand dagegen hervorrufen, das Gespräch weiter zu führen. Der Deutende erfährt weniger über den anderen, als er erfahren hätte, wenn er nicht gedeutet hätte. Will ein Psychoanalytiker im Alltag etwas über einen Gesprächspartner erfahren, muß er es gerade vermeiden, seine Vermutungen über dessen Latenzen auszusprechen oder auch nur erkennen zu lassen.

Was er anderen dann voraus hat, ist seine Kenntnis möglichen menschlichen Verhaltens und möglicher Motive eines Menschen, sich so zu verhalten, wie er es tut. Zu dem Reservoir solcher Kenntnisse, die in einer Alltagssituation nützlich sein können, tragen Erzählungen des Patienten über sein Alltagsverhalten in der Regel mehr bei als Erzählungen des Patienten über seine Beziehung zum Analytiker, die ja stark durch die Kommunikationsregeln und Erwartungen des Patienten in der therapeutischen Situation bestimmt sind.

Eine Möglichkeit, andere Menschen in Interaktionen mit anderen und nicht nur mit dem Therapeuten selbst zu beobachten, bieten Paartherapien und Gruppentherapien, wo Menschen sich zueinander eher nach alltäglichen Kommunikationsregeln verhalten, auch wenn ihr Verhalten durch die therapeutische Aufgabe mitbestimmt ist.

Schizoid strukturierte Therapeuten neigen besonders dazu, durch die Oberfläche hindurchzusehen; man spricht vom »Röntgenblick« der Schizoiden. Das bewirkt eine Vernachlässigung der Oberfläche, was die Kommunikation im Alltag erschwert. Sie haben von Menschen ein anderes Bild als ein Therapeut, der sich auch oder mehr für die Oberfläche menschlichen Verhaltens interessiert. Zur Illustration sage ich gern, daß schizoide Therapeuten sich oft so verhalten, als ginge es im Leben um das, was ein Röntgenologe auf dem Röntgenschirm sieht. Ein Röntgenologe, der sich darauf beschränken würde, seine Patienten auf dem Röntgenschirm zu betrachten, würde nicht wissen, wie sie aussehen, wenn er ihnen ohne Röntgen gegenübertritt.

Daß ein schizoid strukturierter Therapeut von seinen Patienten wie auch von anderen Menschen das Latente oft deutlicher erkennt als ihre psychische Oberfläche, kann, wenn er noch wenig klinische Erfahrung hat, auch bewirken, daß er zum Beispiel das Aggressive in einem Menschen so erlebt, als ob es an der Oberfläche manifest wäre. Damit läßt er das bewußte Erleben des Patienten, der von seiner eigenen Aggressivität nichts spürt, unberücksichtigt. Er reagiert dann zum Beispiel auf die Aggressivität eines Patienten, der sich nicht aggressiv fühlt. Das kann sein eigenes Verhalten gegenüber dem Patienten dysfunktional bestimmen.

Entsprechendes gilt auch für das Erleben von Menschen außerhalb der therapeutischen Situation. Es trägt dazu bei, daß schizoide Therapeuten oft sozial ungeschickt wirken. Sie scheinen sich unverständlich zu verhalten. Die psychoanalytische Ausbildung schizoid strukturierter Therapeuten erweitert ihre

Möglichkeiten, Latentes zu erkennen. Sie verstärkt dadurch ihre Tendenz, mit Menschen so umzugehen, als liege deren Latenz zutage.

Charakter und Geschlecht

Es gibt eine reichhaltige Literatur zu Persönlichkeit oder Charakter (z.B. Fiedler 2001, Hoffmann 1979, König 1992, 2000), und es gibt eine reichhaltige Literatur zum differentiellen Erleben und Verhalten von Frauen und Männern. Die beiden Bereiche sind aber wenig zusammengeführt worden. In den Psychiatrie-Manualen DSM und ICD sind bei den Persönlichkeitsstörungen Geschlechtsunterschiede kaum berücksichtigt. Eine zentrale Rolle spielen Geschlechtsunterschiede in der Freudschen Konzeption des Ödipuskomplexes. Seine Auffassungen haben zu Revisionen angeregt (z.B. Rohde-Dachser 1991).

Aber auch präödipal entstandene Strukturen prägen sich je nach Geschlecht unterschiedlich aus, wobei geschlechtstypische Programmierungen im Sinne der Evolutionspsychologie und die Auswirkungen gesellschaftlicher Erwartung herauszufinden und zu differenzieren wären. Eine depressive Struktur zeigt sich bei Frauen auf spezifische Weise, wie es zum Beispiel in dem bekannten Buch »Wenn Frauen zu sehr lieben« (Norwood 1986) zur Darstellung kommt.

Von Männern kennt man ein depressives Verhalten eher aus dem Arbeitsbereich, was aber nicht bedeutet, daß depressives Arbeitsverhalten bei Frauen, die außer Haus arbeiten, genauso aussieht wie bei Männern. Man muß sicherlich unterscheiden, wie Männer sich in typischen Männerberufen und Frauen in typischen Frauenberufen, Frauen in typischen Männerberufen und Männer in typischen Frauenberufen verhalten, und wie sich Männer und Frauen verhalten, die in Berufen mit etwa gleichem Männer- und Frauenanteil tätig sind.

Bei Willi (1975) findet sich bereits in den siebziger Jahren ein Ansatz zu einem bei beiden Geschlechtern vorkommenden oralen Verhalten in Beziehungen. Es geht da darum, daß jemand versorgt wird oder sich versorgen läßt, wobei auch der Mann der Versorgende sein kann. Wie zu erwarten finden sich die deutlichsten Geschlechtsunterschiede in den Willischen »Kollusionen« im Bereich der hysterischen Struktur.

In Therapien werden die Geschlechtsunterschiede berücksichtigt, wie sich das ja auch in vielen publizierten kasuistischen Vignetten in psychoanalytischen Publikationen ausdrückt.

Ideologisch begründete oder beeinflußte Positionen der Therapeutinnen und Therapeuten haben bezüglich des praktischen Vorgehens in einer Therapie erheblichen Einfluß. Es macht Unterschiede, ob man davon ausgeht, daß Männer und Frauen durch die Gesellschaft zu Männern und Frauen gemacht werden, oder ob man von einer Beeinflussung durch angeborene Programme ausgeht, wie das von den Evolutionspsychologen vertreten wird (z.B. Buss 1989).

Die gewaltigen Veränderungen in der gesellschaftlichen Stellung von Frauen in den westlichen Industrienationen während des 20. Jahrhunderts zeigen deutlich, wie groß der gesellschaftliche Einfluß auf die Lebensweise von Frauen und auf ihre Erwartungen an das Leben einer Frau sein kann. Andererseits werden, wenn Männer und Frauen die gleichen Wahlmöglichkeiten haben, Unterschiede zwischen Männern und Frauen deutlicher. Diese Unterschiede begrenzen, wie weit Frauen von ihren Wahlmöglichkeiten Gebrauch machen; nicht nur wegen der besonderen Rolle der Frau bei der Fortpflanzung, sondern auch wegen der damit zusammenhängenden Unterschiede im Umgang mit anderen Menschen.

Worin die Unterschiede *in der Ausprägung verschiedener Persönlichkeitsstrukturen* bei Männern und Frauen liegen, ist zur Zeit noch wenig untersucht. Im Bereich der Psychotherapie finden sich erste Ansätze, überzeugend bei Chris Rose (2002), die sich auf Gruppentherapien bezieht. Für die Beobachtung und sicher auch für Untersuchungen verschiedener Manifestationsformen der Geschlechtszugehörigkeit bieten Therapiegruppen gute Möglichkeiten, weil man als Therapeut Interaktionen von Männern und Frauen miteinander und nicht nur mit einem selbst beobachten kann. Für eine systematische Darstellung ist es meiner Einschätzung nach zu früh. An verschiedenen Stellen des Buches weise ich aber auf Geschlechtsunterschiede hin.

Auswirkungen von Persönlichkeitsstörungen

Menschen mit Persönlichkeitsstörungen geraten leicht in ein soziales Abseits. Persönlichkeitsstörungen beeinflussen den Umgang mit Menschen und Dingen. Am Arbeitsplatz ist der Umgang mit Dingen und der Umgang mit Menschen gestört. In persönlichen Beziehungen wirken sich Schwierigkeiten im Beruf negativ aus, und am Arbeitsplatz kommt es auch auf den Umgang mit Menschen an.

In unserer Gesellschaft wirkt sich ein Versagen in Ausbildungen und im Beruf meist gravierender aus als ein Versagen in privaten Beziehungen. Ein Politiker mit einer Persönlichkeitsstörung kann in Beziehungen mehrfach scheitern, ohne daß man ihm das allzusehr ankreidet, wenn er nur »seinen Job tut«; entsprechendes gilt für Manager und viele andere Berufe auf den verschiedensten Ebenen, soweit der Beruf nicht besondere Anforderungen an die Normenkonformität des Privatlebens stellt, wie bei Theologen.

Persönlichkeitsstörungen wurden früher als Psychopathien bezeichnet. Der Begriff »Psychopath« wird unterschiedlich verstanden. Für manche bedeutet er einfach jemanden, der psychisch krank ist, wie der Wortlaut sagt. Dann hat der Terminus Psychopath keine pejorativere Bedeutung als andere Bezeichnungen für psychisches Kranksein. Für Informiertere bedeutet die Bezeichnung Psychopath, daß der Betreffende ein abzulehnendes Verhalten an den Tag legt, das mit psychischem Kranksein zu tun hat. Für Psychiater, die diesen Begriff noch anwenden, ist er meist mit dem Namen Kurt Schneider verbunden, der eine Klassifikation der Psychopathien (Schneider 1950) vorgelegt hat. Bei Kurt Schneider kommt die Konnotation: »Unveränderlich« hinzu. Auch Psychoanalytiker halten bestimmte Formen der Persönlichkeitsstörung für unbehandelbar. Das gilt zum Beispiel für Otto Kernberg mit seiner Einschätzung der Therapieprognose dissozialer Persönlichkeiten. Die übrigen Persönlichkeitsstörungen gelten den meisten Psychoanalytikern heute als veränderbar, wenngleich unter großem Aufwand. Der Aufwand, der mit persönlichkeitsgestörten Straftätern im Maßregelvollzug getrieben wird, reicht oft bei weitem nicht aus, um wesentliche Veränderungen zu bewirken.

Mit dem Begriff »Persönlichkeitsstörung«, der neutraler gewollt ist als der Begriff »Psychopathie«, handelt es sich um einen Menschen, dessen Verhalten von sozialen Erwartungen abweicht, was deutlich im DSM-IV zum Ausdruck kommt (vgl. auch Streeck 2002).

Von Menschen mit einer Persönlichkeitsstörung erwarten Laien oft, daß sie ihr Verhalten ändern, zum Beispiel indem sie sich »beherrschen«, oder daß sie sich therapieren lassen. Kommt weder das eine noch das andere zustande, wird der Betreffende sozial ausgegrenzt.

Menschen mit einer Persönlichkeitsstörung rufen meist stärkere Aversionen hervor als Psychosekranke, von denen klar ist, daß sie eben krank sind, während von Menschen mit Persönlichkeitsstörungen erwartet wird, daß sie ihr Verhalten ändern können, wenn sie sich nur anstrengen. Das zeigt sich zum Beispiel deutlich auf psychiatrischen Stationen, wie ich bei meinen Supervisionen in einer psychiatrischen Universitätsklinik beobachten konnte. Nicht die Psychosekranken rufen beim Personal

Ärger oder Wut hervor; es sind die Menschen mit Persönlichkeitsstörungen, die in der Supervision deshalb einen breiten Raum einnehmen.

Viele Menschen mit Persönlichkeitsstörungen leiden unter ihrer Störung selbst. Bei manchen Persönlichkeitsstörungen, zum Beispiel der zwanghaften, kommt es eher dazu, daß die Betreffenden ihr eigenes Verhalten nicht in Frage stellen, sondern lediglich unter den Folgen leiden, die es im interpersonellen Umgang oder im Beruf hervorruft. Wenn alle Menschen so wären wie sie, oder wenn alle Menschen sich so verhalten würden, wie sie es wünschen, gäbe es keine Probleme.

Die Frage, ob eine Persönlichkeitsstörung ich-synton ist – das heißt, daß der Betreffende sein Verhalten als normal ansieht und meint, dazu berechtigt zu sein – oder ob es sich um eine ich-dystone Störung handelt, unter der er selbst leidet, nicht nur die Umwelt, hat bei der Unterscheidung zwischen verschiedenen Formen von Charakterstörungen (vgl. Hoffmann 1979) eine Rolle gespielt. Es gibt aber Übergänge.

Fiedler (2001) weist mit Recht darauf hin, daß sich die Ich-Syntonizität oder -Dystonizität ändern kann, wenn die betreffende Person über die eigenen Beziehungsschwierigkeiten nachdenkt. Oft kann man schon durch eine Aufforderung zur Selbstschilderung bewirken, daß jemand, der seine Probleme nicht als seine Probleme erkennen konnte, sie als solche erkennt, wenn er die Aufmerksamkeit darauf richtet.

Auch durch Rückmeldung in Beziehungen kann der Betreffende auf eigene Verhaltensprobleme aufmerksam werden. Oft handelt es sich hier um einen längerdauernden Prozeß. Eine Rückmeldung reicht nicht aus, es sind mehrere notwendig. Eindrucksvoll ist auch oft die Reaktion eines Menschen mit einer problematischen Verhaltensweise, wenn er die Videoaufnahme seines Gesprächs mit einem anderen sieht. Man spricht von visuellem oder audiovisuellem Feedback.

Daß die Behandlungsmöglichkeiten durch eine unbeeinflußbare Ich-Syntonizität stark eingeschränkt werden, liegt auf der Hand. Wer ein Verhalten für normal hält, kann keine Motivation entwickeln, es zu ändern; es sei denn, er betrachtet die Änderung als zweckmäßig, um negative Folgen zu vermeiden. Die Motivation zu einer Änderung seines Verhaltens ist dann nur taktischer Natur. Im Grunde bleibt er von der Angemessenheit seines Verhaltens überzeugt.

In einer Gesellschaft werden Charakterzüge über die Zeit und im Querschnitt unterschiedlich bewertet. In verschiedenen Ländern unterscheiden sich die Bewertungen zur gleichen Zeit. Gegenwärtig finden sich auch unterschiedliche Bewertungen im Osten und im Westen Deutschlands. Während im Osten Solidarität und Arbeit für andere höher geschätzt wird als im Westen, findet im Westen eine Idealisierung von Durchsetzungs- und Konkurrenzfähigkeit statt.

Spontaneität ohne Rücksicht auf die Folgen, etwas, das man bei histrionischen bzw. hysterischen Persönlichkeiten findet, wird in Italien höher geschätzt als etwa in England. Andererseits gibt es in England Menschen, die auf Spontaneität »stehen«, und in Italien Menschen, die Spontaneität bekämpfen und Ruhe und Ordnung einführen wollen. Ein »spontanes« Verhalten, das auf andere keine Rücksicht nimmt, weil die Einfühlung in den anderen fehlt oder weil der andere gar nicht als Person wahrgenommen wird, dürfte überall auf Ablehnung stoßen und dem Dissozialen zugeordnet werden.

Was als erwünscht eingeschätzt wird, unterscheidet sich nur graduell von »normal«, wenn es um erwünschte Eigenschaften geht, die man meint, erwarten zu können. Ähnlich ist es hier mit Charakterzügen, die man toleriert, wenn sie ein gewisses Maß nicht überschreiten, die man aber doch als unerwünscht einstuft.

Die gleiche Charaktereigenschaft kann positiv oder negativ konnotiert sein. So gilt es allgemein als tolerierbar, aber nicht als erwünscht, wenn jemand auf den eigenen Vorteil bedacht ist; Altruismus gilt mehr. Psychotherapeuten konnotieren das Vertreten eigener Interessen oft positiver als die Allgemeinbevölkerung, die oft Idealen anhängt, die am besten zu einer depressiven Persönlichkeitsstruktur passen, während der Psychotherapeut um die krankmachenden Folgen depressiver Einstellungen weiß.

Terminologie und Bewertungen

Einige der klinischen, in den psychiatrischen Diagnostik-Manualen heute noch gebräuchlichen Bezeichnungen für Persönlichkeitsstörungen haben Bezug zu schweren Krankheitsbildern und wirken von daher stigmatisierend. Die schizoide Persönlichkeitsstörung und die schizotypische Persönlichkeitsstörung haben Bezug zur Schizophrenie, in der Borderline-Persönlichkeitsstörung ist ein Bezug zur Schizophrenie implizit enthalten, im Sinne eines Krankheitsbildes an der Grenze zur Psychose. Depression und Zwangsneurose werden in der Regel als gravierende Erkrankungen gesehen.

Die narzißtische Persönlichkeitsstörung mit ihrem Bezug zur griechischen Mythologie (Narziß verliebt sich in sein Spiegelbild) bewirkt keine Stigmatisierung, die etwas mit Krankheit zu tun hat, wohl aber durch ihren Bezug zur Selbstliebe im Gegensatz zu der Liebe, die sich auf ein Gegenüber richtet. Im viel zitierten Bibelspruch: »Liebe deinen Nächsten wie dich selbst« sind Selbstliebe und Liebe zu Anderen vereint. Selbstliebe allein wird mit Begriffen wie »asozial«, »egoistisch« oder »selbstsüchtig« verbunden.

»Histrionische Persönlichkeitsstörung« wirkt für den, der die Ableitung des Begriffes aus dem Schauspiel kennt, ähnlich stigmatisierend wie der bisher gebräuchliche Terminus »Hysterische Struktur«, weil die Assoziation geweckt wird, daß die betreffende Person etwas »vorspielt«.

Die selbstunsichere und ängstlich-vermeidende Persönlichkeitsstörung bezieht ihren Namen aus der Beschreibung eines bestimmten Verhaltens und wirkt deshalb relativ neutral; so neutral, wie eine Bezeichnung sein kann, die unerwünschte Persönlichkeitszüge benennt.

Die dependente Persönlichkeitsstörung beschreibt Extremformen eines Verhaltens, das in unserer Gesellschaft einem narzißtischen Verhalten gegenübergestellt und oft positiv bewertet wird. Zwar heißt es bei Schiller: »Der Starke ist am mächtigsten allein« (Wilhelm Tell), und ein Leben als religiös motivierter Einsiedler kann positiv konnotiert werden. Im allgemeinen gilt der Mensch aber als ein Gesellschaftswesen, das immer auch von anderen abhängig ist. Als wünschenswert gilt »Interdependenz«. Menschen sind *voneinander* abhängig, und sicher ist ein Leben in unserer Gesellschaft, das die Arbeitskraft anderer in der Produktion oder im Bereich der Dienstleistungen nie in Anspruch nimmt, kaum vorstellbar.

Die zwanghafte Persönlichkeitsstörung hat für jeden einen Bezug zur Zwangsneurose, der das Krankheitsbild kennt. Mit »zwanghaft« verbindet man im allgemeinen eine Vorstellung von Unfreiheit. Jemand nutzt seine Freiräume nicht aus, begrenzt sich in seinem Handeln auf bestimmte Möglichkeiten, dabei »kann er nicht anders«. Stigmatisierung durch das Zuschreiben einer zwanghaften Persönlichkeit ist stark gesellschaftsabhängig. Die Persönlichkeitseigenschaften, die der Zwangsstruktur sonst noch zugeschrieben werden, wie Pflichtbewußtsein, Zuverlässigkeit und Genauigkeit, wurden in Deutschland über die Zeit unterschiedlich bewertet. Nach dem Zweiten Weltkrieg hatte die Zwangsstruktur, zu der wohl auch der autoritäre Charakter von Adorno (Adorno et al. 1969) zu rechnen ist, eine schlechte Presse; besonders während der Phase der 68er. Die dem Zwanghaften zugeschriebenen »Sekundärtugenden« erleben in ihrer positiven Bewertung zur Zeit aber eine Renaissance.

Passiv-aggressive und negativistische Persönlichkeitsstörungen bezeichnen etwas, unter dem sich der Laie, wenn er die Bezeichnung das erste Mal hört, wenig vorstellen kann. »Aggressiv« gilt in vielem als schlecht, »passiv« auch. Die Kombination »passiv-aggressiv« sagt dem Laien aber wenig. Man muß ihm erst erläutern, daß »passiv-aggressiv« etwas mit Streik, Bummeln oder Verweigerung zu tun hat.

Im Bereich der Psychoanalyse ist die depressive Persönlichkeitsstruktur ohne Depression ein gängiges Konzept. Menschen mit dieser Persönlichkeitsstruktur sind den Erfordernissen unserer Gesellschaft weitgehend angepaßt, haben aber auch Persönlichkeitszüge, die Ablehnung erfahren können; zum Beispiel eine zur Schau getragene Bescheidenheit bei vereinnahmendem Verhalten. Der im Bereich der Psychoanalyse gebräuchliche Begriff einer depressiven Persönlichkeit ist in der Allgemeinbevölkerung wenig bekannt. Wird er Laien gegenüber gebraucht, führt das zu Mißverständnissen, weil der Laie denkt, daß jemand gemeint sei, der sich im Zustand einer Depression befinde.

In den Diagnostik-Manualen wird Depression nicht mehr auf eine bestimmte Ätiologie bezogen, etwa im Sinne der »neurotischen« und »endogenen« Depression. Die prämorbiden Persönlichkeiten unterscheiden sich aber: Für eine neurotische Depression ist die depressive Struktur ohne Depression als prämorbid anzunehmen, für die endogene Depression eher der »Typus melancholicus« von Tellenbach (1961), mit seinen überwiegend zwanghaften Persönlichkeitszügen. Dieser Persönlichkeitstypus findet sich auch bei den sogenannten bipolaren Störungen mit einem Wechsel von manischen und depressiven Phasen. Der melancholische Typ nach Tellenbach erscheint im wesentlichen sozial erwünscht, wie das bei der depressiven Persönlichkeitsstruktur ohne Depression ja auch oft der Fall ist.

Am Beispiel der depressiven Persönlichkeitsstörung läßt sich gut erörtern, wie die diagnostische Einordnung zu einer bestimmten Kategorie von Persönlichkeitsstörung durch die Kombination eines Strukturanteils mit anderen erschwert werden kann. Daß »reine Strukturen« von Psychoanalytikern als ausgesprochen selten angesehen werden, ist nicht nur durch klinische

Beobachtungen, sondern auch durch die psychoanalytischen Entwicklungstheorien begründet.

Die soziale Erwünschtheit einer bestimmten Persönlichkeitsstruktur wird durch Kombinationen mit anderen wesentlich beeinflußt. So kann hier jemand mit einer depressiven Persönlichkeitsstruktur, die sich mit einer Zwangsstruktur kombiniert, im Verhalten relativ unauffällig sein, ein anderer mit einer depressiven Persönlichkeitsstruktur aber auffällig, wenn sich diese mit einer hysterischen Struktur kombiniert. Ein mehr nach außen gerichtetes Verhalten (eine stärkere Extraversion), die aus dem hysterischen Strukturanteil determiniert wird, macht die depressiven Strukturanteile auffällig. Je nachdem, wie stark diese ausgeprägt sind, kann das Verhalten dann sozial erwünscht oder unerwünscht sein. Der hysterische Strukturanteil bringt durch die stärkere Extraversion Persönlichkeitszüge zutage, die sonst verheimlicht worden wären. Hier zeigt sich im übrigen ein Vorzug der psychoanalytischen Persönlichkeitstheorien: Sie machen Kombinationen in ihren Auswirkungen verständlich; auch in ihrer Entstehung. So wird die ödipale Entwicklungsphase je nach der vorher vorhandenen Struktur unterschiedlich verlaufen, wie Rohde-Dachser (1983) das für die Borderline-Persönlichkeiten dargestellt hat.

Zwangsstruktur und Normalität

Wovon es abhängt, ob Eigenschaften einer Persönlichkeitsstruktur als »normal« bewertet werden, kann man an den in Deutschland über die Zeit gängigen Bewertungen der Zwangsstruktur untersuchen.

Positive Eigenschaften der Zwangsstruktur wie Sauberkeit, Ordnungsliebe, auch Hartnäckigkeit im Verfolgen eigener Ziele schreiben Deutsche sich gerne zu. Weitere Merkmale der Zwangsstruktur sind allerdings der Wunsch, dominiert zu werden oder zu dominieren, oben oder unten zu sein. Weniger bekannt als Sauberkeit, Ordnungsliebe und Hartnäckigkeit sind Schwierigkeiten des Zwanghaften, auf gleicher Ebene mit anderen zusammenzuarbeiten. Zwanghafte fühlen sich in Hierarchien wohl, wenn sie ihre Vorgesetzten anerkennen können. Denen delegieren sie dann auch Verantwortung, die sie selbst übernehmen müßten.

Ein Besucher aus einem anderen Land kann sich daran erfreuen, daß in Deutschland mehr Sauberkeit und Ordnung herrscht, als er es gewohnt ist. Er kann auch finden, daß die deutschen Züge (immer noch) pünktlicher verkehren als in seinem eigenen Land. Er kann aber auch durch die deutsche Bürokratie genervt sein.

Ende der sechziger und in den siebziger Jahren galten viele Eigenschaften der Zwangsstruktur, und da besonders das Hierarchiedenken, als besonders negativ. Man suchte nach »antiautoritären Erziehungsformen«. Diese Tendenz gab es in der gesamten westlichen Welt, aber in Deutschland war sie besonders stark ausgeprägt. Vermutlich deshalb, weil die Erziehung in Deutschland besonders autoritär war.

Im persönlichen Bereich, insbesondere in Partnerbeziehungen, war eine Hierarchie zwischen Mann und Frau bis Mitte des vorigen Jahrhunderts gesetzlich festgelegt; heute ist sie aus der Gesetzgebung verschwunden. Die Gleichberechtigung zwischen Männern und Frauen in der Ehe, aber auch im Arbeitsbereich, hat in der Praxis große Fortschritte gemacht. Es kommt aber immer noch zu einer Diskrepanz zwischen den im Partnerbereich vertretenen Idealen und den Auswirkungen der immer noch häufiger und ausgeprägter als in vielen anderen Ländern vorkommenden Zwangsstruktur. Zwangsstrukturen neigen zu hierarchischen Beziehungsformen und zur strikten Arbeitsteilung. Die »neuen Männer« sollen im Umgang mit den »neuen Frauen« andere Formen des Zusammenlebens finden. Sie müssen sie erst finden, weil sie ihnen von den Eltern nicht vorgelebt wurden.

Natürlich sind auch noch weitere Faktoren beteiligt, die alle mit der Problematik der Zwangsstruktur zusammenhängen können. Die Gleichberechtigung der Frauen im Berufsleben, die weitgehend verwirklicht wurde und die, soweit sie nicht verwirklicht ist, weiter angestrebt wird, stellt Frauen und ihre Männer vor die Aufgabe, die Mutterrolle, teilweise die Hausfrauenrolle und die Berufsrolle der Frau miteinander in Einklang zu bringen. Das ist nur möglich, wenn manche Aufgaben entgegen den Prinzipien einer geschlechtsspezifischen Arbeitsteilung gemeinsam übernommen oder zwischen den Partnern flexibel aufgeteilt werden. In vielen Partnerbeziehungen führt das zu ständigen Auseinandersetzungen, die darum gehen, wer was tun soll; Auseinandersetzungen, die viel Kraft und Zeit kosten.

Ich finde, daß sich der Volkscharakter in den Autos widerspiegelt, die ein Land produziert. Beim Bau von Autos spielen Genauigkeit und Zuverlässigkeit der Arbeitskräfte eine Rolle. Japan gilt als extrem zwanghaft. Dort herrscht eine Kultur der Rituale und Festlegungen. Deutschland gilt als sehr zwanghaft, Frankreich gilt (nicht in allen Bereichen zu Recht) als weniger zwanghaft, und den Italienern schreibt man Zwanghaftigkeit noch weniger zu. Bei den in Deutschland fahrenden Autos stehen die Japaner meist auf den ersten Plätzen der Zuverlässigkeitsstatistik, dann folgen die Deutschen, dann die Franzosen und schließlich die Italiener.

Von außen ist die Betrachtung eines Volkscharakters oft durch Neid bestimmt. Wir beneiden die Italiener um ihre unbekümmerte Spontaneität; vielleicht ärgern wir uns über ihre Autos. Wer in Italien auf Urlaub ist, bekommt die Nachteile einer »spontanen« Lebensweise im Straßenverkehr zu spüren, aber wer sich in Italien niederläßt, kommt mit der dortigen Lebensweise meist gut zurecht. Dort läßt sich allerdings kaum jemand nieder, der die Italiener ablehnt. Völker, die »spontaner« leben, beneiden Deutschland um die Sekundärtugenden der Zwangsstruktur.

Allerdings gibt es auch immer Kritiker im eigenen Land. So soll Bismarck gesagt haben, den Deutschen fehle etwas »Sekt im Blut«. In Deutschland galten und gelten teilweise immer noch Normen, die am ehesten der Zwangsstruktur zuzuordnen sind. Die Idealnorm ist aber anders als die Durchschnittsnorm. Die Meinung von Bismarck, es fehle an »Sekt«, wird heute von vielen Deutschen geteilt.

Basale und zentrale Beziehungswünsche

Basale und zentrale Beziehungswünsche (König 1988) sind in Qualität und Stärke Merkmale des Charakters. Das im Folgenden dargestellte Motivationsmodell gibt unter anderem eine Antwort auf die Frage, weshalb unglücklich verlaufene Beziehungen immer wieder in gleicher Weise und mit ähnlichen Menschen eingegangen werden.

Zentrale Beziehungswünsche sind der Wunsch nach Vertrautem und der Wunsch nach Neuem. Diese zwei gegenläufigen Wünsche findet man schon bei Tieren (Bischof 1985). Sie äußern sich in vielfältiger Form, in den meisten demokratischen Staaten in den Parteien, die konservativ oder progressiv sind und wiederum einen konservativen und einen progressiven Flügel haben.

Der Wunsch nach Neuem nimmt mit dem Alter ab. Gremien, die sich aus sehr alten Menschen zusammensetzen, sind meist konservativ, wie seinerzeit das Zentralkomitee der KPdSU oder immer noch das Kardinalskollegium der katholischen Kirche.

Zentrale Beziehungswünsche sind die nach Verschmelzung oder nach einer Zwillingsbeziehung, nach Anerkennung und Bewunderung als Person, nach Versorgtsein, nach Kontrolle, nach Geleitetsein, nach Anerkennung und Bewunderung der eigenen Geschlechtseigenschaften und nach der Verwirklichung ödipaler Wünsche.

Bei den Beziehungswünschen unterscheide ich zwischen dem Modus der Beziehung und der Art des Objekts, zu dem eine Beziehung gewünscht wird. Daneben berücksichtige ich Einschränkungen der Beziehungen auf den Modus der Zweierbeziehung oder, was es ebenfalls gibt, Einschränkung auf eine Mehrpersonenbeziehung, wie sie sich zum Beispiel bei Menschen findet, die in einer Kindergruppe aufwachsen und mit den Gleichaltrigen die meisten Kontakte haben.

Bezüglich der basalen Beziehungswünsche stütze ich mich auf Ergebnisse der Ethologie (z.B. Bischof 1985). In den zentralen Beziehungswünschen werden die Aspekte der Fixierung auf bestimmte Entwicklungsstufen erfaßt.

Beziehungswünsche können angst machen. Sie können Schuld- und Schamgefühle erzeugen. Sie können nicht nur mit dem Über-Ich oder dem Ich-Ideal in Konflikt geraten, sondern auch miteinander. So kann jemand gleichzeitig wünschen, unabhängig zu sein und versorgt zu werden.

Es handelt sich hier um ein offenes, erweiterungsfähiges Modell. Voraussichtlich kann es Ergebnisse der Bowlbyschen Bindungstheorie aufnehmen. In diesem Zusammenhang verweise ich auf Fonagy (2003), der einen Integrationsversuch der Bowlbyschen Bindungstheorie in die Psychoanalyse gewagt und dargelegt hat. Er erörtert, inwieweit Psychoanalyse und Bindungstheorie voneinander lernen könnten.

Auch Ergebnisse der Evolutionspsychologie mit ihren aus dem Unbewußten wirkenden Programmen können integriert werden. Mein Konzept widerspricht auch nicht den Ergebnissen der biologischen Attraktionsforschung, die gezeigt hat, daß Partnerwahl nicht nur von Wünschen beeinflußt wird, die aus biographischen Erfahrungen und dem Erbgut entstehen und von optischen und akustischen Auslösern beeinflußt werden, sondern auch durch Pheromone, bewußt nicht wahrnehmbare Riechstoffe, die Kompatibilität oder Inkompatibilität der Immunsysteme erkennen lassen. Es wird etwas hinzugefügt, was den Stellenwert der hier dargestellten Beziehungswünsche ein Stück weit mindern kann, ohne daß sie invalidiert würden.

Basale Beziehungswünsche

Man kann die gleichen zentralen Beziehungswünsche mit vertrauten und mit unvertrauten Menschen befriedigen wollen. Was wir von unvertrauten Menschen nicht wissen, können wir durch Phantasie ergänzen. Jede Person, mit der wir in Beziehung treten, liegt auf einem Kontinuum zwischen ganz neu und ganz vertraut. Vertraut wirkt eine Person, wenn sie anderen vertrauten Personen ähnelt oder eine solche Ähnlichkeit phantasiert werden kann.

Ist der Wunsch, mit vertrauten Menschen umzugehen, stark, können wir, unbewußt motiviert, durch ein bestimmtes Verhalten bewirken, daß das Gegenüber einem Objekt ähnlicher wird, mit dem wir vorher zu tun hatten. Dieses Verhalten nenne ich den interaktionellen Anteil der Übertragung oder die projektive Identifizierung vom Übertragungstyp (König 1982, 1998b).

Es kann aber von Vorteil sein, wenn das Objekt unvertraut ist. Große Vertrautheit kann zu einer Hemmung sexueller Wünsche führen. Ein prospektiver Partner, der zu stark an den Vater erinnert, kann unbewußt als sexuell tabuisiert erlebt werden.

Beim Partnerwahl-Verhalten spielen, wie man heute (z.B. Buss 1989) als gesichert ansehen kann, Kriterien eine Rolle, die sich im Laufe der Evolution herausgemendelt haben, weil sie die Weitergabe der eigenen Gene begünstigten. Angeborene Programme gibt es auch beim Säugling und bei den Pflegepersonen, sonst könnten sich Säuglinge und Pflegepersonen nicht »verstehen«.

Zentrale Beziehungswünsche

Wie oben erwähnt, haben die zentralen Beziehungswünsche etwas mit dem Beziehungsaspekt von Fixierungen auf bestimmte Entwicklungsstufen zu tun. Sie sind durch einen bestimmten Modus und durch eine bestimmte Art von Objektwahl charakterisiert. So wird der Mensch mit dem Wunsch, in einer Beziehung versorgt zu werden, nach einem Objekt (einer Person) Ausschau halten, das Versorgung erwarten läßt.

Hat der Betreffende aber die Erfahrung gemacht, daß seine Versorgungswünsche abgelehnt wurden, wird er vielleicht Objekte suchen, die Versorgungswünsche frustrieren. Damit folgt er nicht dem zentralen Beziehungswunsch, sondern dem Wunsch nach Familiarität. Er reinszeniert früher gemachte Erfahrungen. Der Wunsch nach Familiarität stellt sich dabei der Befriedigung des zentralen, oralen Beziehungswunsches entgegen.

Dyadische und Mehrpersonenbeziehungen

Menschen können auf eine dyadische Form der Beziehung fixiert sein. Die Beziehungen im ödipalen Dreieck sind nicht die ersten Dreiecksbeziehungen. Mehrpersonenbeziehungen entstehen früher (Ermann 1985, Rotmann 1985, König 1992). Mehrpersonenbeziehungen können aber nur entstehen, wenn mehrere Personen präsent und bereit sind, mit dem Kind zu interagieren. Bei Alleinerziehenden ohne private zwischenmenschliche Kontakte kann die Präsenz des triangulierenden Objekts fehlen. Freunde und Bekannte, die dafür in Frage kämen, können sich weigern, mit dem Kind zu interagieren. Berufstätige Eltern, die ihr Kind morgens oder abends wie ein Staffelholz weitergeben, weil sie sich die Betreuung des Kindes aufgeteilt haben, die aber nie längere Zeit in Gegenwart des Kindes miteinander interagieren, erschweren es dem Kind, zu erfahren und zu begreifen, daß es mehrere wichtige Objekte geben kann: hier das Kind und den Partner.

Wer auf eine dyadische Beziehung fixiert ist, wird also schwer in der Lage sein, Beziehungen zu mehreren Objekten zu haben. Wenn er sie doch hat, wird er befürchten, alle Objekte bis auf eines zu verlieren. Er wird es nicht ertragen können, daß ein Mensch, der ihm in der Zweierbeziehung wichtig ist, Beziehungen zu anderen Menschen aufnimmt. Die fehlende Triangulierung bedingt also eine starke Abhängigkeit von einer einzigen Person. Manche solche Kinder helfen sich gegen die Abhängigkeit, indem sie Menschen entpersonalisieren und funktionalisieren. Die Objekte werden austauschbar. Daß keine Beziehung zu einem wichtigen personalen Objekt besteht, kann als Mangel empfunden werden.

Es ist aber auch möglich, daß der auf eine Zweierbeziehung Fixierte, der die Lösung »Funktionalisierung« gewählt hat, gar keine Vorstellung von einer personalen Beziehung entwickelt, so daß sie ihm nicht fehlt.

Besteht ein Wunsch nach Verschmelzung, wie das bei schizoiden Strukturen der Fall ist, erscheint ein Mensch, auf den sich der Wunsch bezieht, als fremd, wenn er sich einer anderen Person zuwendet. Zur Gleichheit gehört ja, daß der Mensch, auf den sich Verschmelzungswünsche richten, sich für den Wünschenden mit der gleichen Ausschließlichkeit interessiert, wie sie der Wünschende empfindet.

Wenn jemand sich Bewunderung wünscht, wie das bei der narzißtischen Struktur stark ausgeprägt ist, und sich darauf angewiesen fühlt, kann die scheinbar totale Abwendung der bewundernden Person, wie der dyadisch Fixierte sie empfindet, Haß und Verachtung auslösen. Wer sich da abwendet, soll zerstört werden, oder er ist eben nichts wert. Im Österreichischen würde man sagen »Net amal ignorieren«. Dann wird nach einem anderen bewundernden Objekt gesucht.

Wer auf Versorgung aus ist, wie das für Menschen mit einer depressiven Struktur gilt, wird existentielle Ängste entwickeln, wenn sich die versorgende Person für andere Menschen interessiert. Er fühlt sich dann »abgeschrieben« und entwickelt die unbewußte Phantasie, zu verhungern und zu verdursten.

In der Beziehung zu einem zwanghaft kontrollierten Objekt wird der dyadisch Fixierte durch Mehrpersonensituationen geängstigt. Es bereitet ihm Probleme, daß er mehrere Personen nicht so gut kontrollieren kann wie eine einzige und daß sich sein Partner durch die anderen Menschen beeinflussen läßt.

In der Beziehung zu einem »steuernden Objekt«, auf das Menschen mit einer phobischen Struktur (König 1981) angewiesen sind, treten Ängste auf, sich selbst überlassen zu bleiben, wenn das steuernde Objekt sich einer anderen Person zuwendet.

Die *Entindividualisierung* von Objekten ist bei phallischen Männern häufig, die von einer zur anderen Frau gehen, ohne eine *personale* Beziehung aufzunehmen. Sie genießen das Verliebtsein oder wie es von ihnen abstrakt gefaßt werden kann, »die Liebe« der Frauen, jedesmal, wenn eine Frau sich in sie verliebt. Damit vermeiden sie auch das Angewiesensein auf ein Objekt. In Therapien kommt eine Fixierung auf die Zweierbeziehung oft erst dann ins Gespräch, wenn die Entindividualisierung nicht mehr aufrechterhalten wird.

Der ödipalen Entwicklungsphase verleiht die Fixierung auf die Zweierbeziehung eine besondere Brisanz. Das Kind kann den positiven und negativen Ödipuskonflikt nicht gleichzeitig entwickeln. Es fehlt die Möglichkeit, eine Beziehung zu zwei wichtigen Objekten zu haben. Damit ist auch die Identifizierung des gegengeschlechtlichen Elternteils in seiner Beziehung zum gleichgeschlechtlichen Elternteil behindert. Eine Tochter identifiziert sich nicht mit der Mutter in ihrer Beziehung zum Vater, ein Sohn nicht mit dem Vater in seiner Beziehung zur Mutter. Das hat Auswirkungen auf die Beziehungen im Erwachsenenalter. Für die Beziehung zu einem gegengeschlechtlichen Partner fehlt das Vorbild.

Die Brisanz der ödipalen Beziehungserfahrungen äußert sich oft in einer pathologisch zu wertenden Eifersucht. Jeder Kontakt des Partners mit einer anderen Person, ob es sich dabei um einen Angehörigen des anderen oder des eigenen Geschlechts handelt, wird als ein Zeichen dafür genommen, daß der andere einen für wertlos hält. Es kommt immer wieder zu ödipalen Desillusionierungen. Die ödipale Illusion beinhaltet eine übersteigerte Vorstellung vom eigenen Wert für den anderen. Die ödipale Desillusionierung läßt Gegenteiliges entstehen: Für den anderen hat der dyadisch Fixierte dann keinen Wert, und er ist auch nicht ernst zu nehmen. Wird diese Einschätzung übernommen, hat das die Folge, daß die eigene Attraktivität bezweifelt wird. Der eigene Körper und das eigene Können reichen nicht aus, um den Partner festzuhalten.

Wertvorstellungen in Abhängigkeit von der Persönlichkeitsstruktur

Die eigene Persönlichkeitsstruktur beeinflußt, wie man die Welt sieht und was einem in der Welt gefällt; aber auch, wie man sein möchte und was man haben möchte und anstrebt. Sie beeinflußt auch Vorstellungen davon, was anderen gefallen sollte und was sie anstreben sollten. Wertvorstellungen werden so durch Subjektivität beeinflußt, und jede subjektive Sichtweise hat etwas mit der Persönlichkeit zu tun.

Die Philosophen haben immer wieder versucht, allgemeingültige ethische Prinzipien zu konstruieren und abzuleiten. Das taten sie meist, indem sie Subjektivität ausklammerten. Wenn Kant sagte, daß sich ein jeder so verhalten solle, daß aus seinem Verhalten allgemeine Prinzipien für das Verhalten aller Menschen abgeleitet werden könnten (»Handle so, daß die Maxime deines Willens jederzeit zugleich als Prinzip einer allgemeinen Gesetzgebung gelten könne«), ließ er die Frage offen, woher man die Information darüber nimmt, welche Handlungsweisen das sein sollten; letztlich doch wohl die der Gesellschaft, in der ein Mensch lebt. Man soll sich so verhalten, daß aus dem eigenen Handeln Prinzipien abgeleitet werden können, die mit denen, die in der Gesellschaft anerkannt werden, vereinbar sind. Solche Prinzipien festzumachen dürfte zu Zeiten Kants in der damaligen, in ihren ethischen Forderungen homogeneren Gesellschaft (was indirekt auf den breiten Einfluß der christlichen Religion zurückzuführen war) leichter gewesen sein als in unserer heutigen, pluralistischen Gesellschaft. Kant interessierte sich bekanntlich für fremde Länder und hielt Vorlesungen über Geographie, ohne Königsberg und Umgebung je verlassen zu haben. Es war zu Kants Zeiten aber klar, wo die Zivilisation zu Hause sei und wo die »Wilden« lebten, denen man eine zivilisierte Ethik nicht zutrauen und von denen man sie zunächst nicht erwarten konnte. Die Länder der damaligen westlichen Welt schickten ja, in viel größerem Ausmaß, als das heute im religiösen Bereich der Fall ist, Missionare zu den »Wilden«, die nicht nur die Religion, sondern auch die Zivilisation der westlichen Welt in die »wilden« Gebiete hinaustragen und die Menschen dort mit ihr beglücken sollten. Es ging auch um Lebensverhältnisse, die eine Voraussetzung dafür waren, ein zivilisierteres Leben zu führen, das wieder die Voraussetzungen dafür schaffen sollte, die christlichen Wahrheiten zu erkennen und nach ihnen zu leben.

Wenn auch im Zeitalter der Aufklärung in der von Franzosen verfaßten Literatur »Wilde« auftauchten, bei denen man, an das Gute im Menschen glaubend, unverfälscht Gutes vermutete, wie etwa bei Rousseau, oder wenn, wie in den »Lettres Persanes«, ein Perser erschien, der das dekadente Leben der oberen Sozialschichten in Frankreich kritisch beäugte und beurteilte, waren die Prinzipien, die man sowohl den Wilden wie auch dem beobachtenden Perser zuschrieb, doch in der westlichen Welt entstanden.

Zu allen Zeiten, wie auch heute noch, sozialisierte zunächst die Familie. Da sie von den Wertvorstellungen der Gesellschaft beeinflußt wird, sozialisiert sie auch für die Gesellschaft. Das funktioniert gut, wenn sich die Generationen wenig unterscheiden. Kommt es zu großen Unterschieden zwischen den Wertvorstellungen der Eltern und den Peer groups ihrer Kinder, entstehen heftige Konflikte. Die Skala möglicher Kompromisse ist zwischen dem Pol »Eltern« und dem Pol »Peer group« weit gefächert; ganz abgesehen davon, daß im Zeitalter der Aufsteiger die Eltern eines Paares häufiger als früher aus verschiedenen Gesellschaftsschichten kommen. So zum Beispiel, wenn ein Paar sich an der Universität kennenlernt und der eine aus einer Akademikerfamilie kommt und der andere aus einer Kaufmanns- oder Arbeiterfamilie. Die »Welt der Bücher« bedeutet für einen Kaufmann etwas anderes als für einen Studienrat oder Juristen.

Warum es zu der unterschiedlichen Entwicklung von Charakterzügen in verschiedenen Ländern gekommen ist, läßt sich nur vermuten. Die Insellage Englands wird oft für den Konservativismus der Engländer als Erklärung herangezogen; in Japan, wo man im Umgang miteinander strengen Regeln folgen muß, der Platzmangel auf dicht bevölkerten Inseln.

Trieb- und Beziehungswünsche werden durch den Einsatz von Abwehrmechanismen nicht nur verändert, sondern durch sie auch gerechtfertigt. Zum Beispiel wird bei der Durchsetzung von Recht und Gesetz oft eine sadistische Komponente geleugnet oder durch den rationalisierenden Bezug auf höhere Ziele gerechtfertigt. Ein Krieg kann angefangen werden, um Macht und Geltung zu gewinnen, oder um materieller Vorteile willen. Die vorgebrachten Kriegsgründe werden andere sein. Das hat in der westlichen Welt, und vermutlich überall, eine lange Tradition; man denke an die Kreuzzüge, an die gewaltsame Christianisierung der Neuen Welt mit ihren Bodenschätzen und ihren sonstigen Reichtümern oder an Kriege um Öl. Werte werden nicht nur durch die Persönlichkeitsstruktur mitbestimmt; sie können auch dazu dienen, eigennützige Motive durch uneigennützige, rationalisierende Beweggründe zu maskieren. Oft kommt es auch vor, daß der Anteil solcher uneigennütziger Beweggründe betont und der Anteil eigennütziger Beweggründe bagatellisiert wird.

Konservativismus hat oft etwas mit dem *basalen Beziehungswunsch* des Bewahrens zu tun; freilich aber nicht immer. Es geht nicht immer nur darum, Vertrautes zu behalten. Man kann auch Angst vor Neuem haben, und es kann zu einem Konflikt nicht nur zwischen dem Wunsch nach Neuem und dem Wunsch nach Bewahrung kommen, sondern auch zwischen dem Wunsch nach Neuem und einer Angst vor dem Neuen.

Der Wunsch zu bewahren kann sich auf Verschiedenes beziehen: nicht nur auf Besitz oder eine vertraute Umgebung, sondern auch auf Werte. Man spricht dann von Wertkonservativismus, der im allgemeinen eine bessere Presse hat als »Konservativismus schlechthin«. Diese Werte können einen konservativen Inhalt haben, müssen aber nicht. Der Wunsch, alte Wertvorstellungen behalten zu wollen, kann in einen scheinbaren Widerspruch mit ihren Inhalten geraten, die sich gegen das Konservative richten. Solche Entwicklungen ließen sich zum Beispiel in sozialistischen Staaten erkennen, wo an Idealen der Veränderung festgehalten wurde, obwohl sie sich gegen das bereits Erreichte richten mußten, das festgehalten wurde.

Für Menschen mit einer schizoiden Struktur ist Übereinstimmung oder Autonomie wichtig. Wer wirklich autonom ist, braucht mit niemandem übereinzustimmen. Die Autonomievorstellungen Schizoider können als unrealistische Utopie gesehen werden, die nur in extremen Lebensformen verwirklicht denkbar wäre. Jeder Einsiedler, der sich nicht nur von Beeren oder Heuschrecken ernährt, ist auf Nahrung angewiesen, die andere erzeugen.

Die schizoide Struktur bewirkt eine Radikalisierung aller ethischen Positionen. Zur radikalen Position läßt sich das antike »Gerechtigkeit geschehe, und wenn die Welt untergeht« (fiat iustitia et pereat mundus) ebenso zählen wie die Radikalität eines Robespierre im Dienste der »Tugend« oder die Radikalität mancher Anhänger des Sozialismus.

Radikale Positionen lassen sich nur dann beziehen, wenn der Mitmensch als Individuum wenig gilt, wenn von ihm abstrahiert wird. Es geht um die Verwirklichung von Ideen, die das Glück der Menschen als Ziel beinhalten können; ein Glück, das meist in der fernen Zukunft gesehen wird. Auf dem Wege dorthin wird auf den Einzelmenschen wenig Rücksicht genommen.

Eine von Kohut (1971) so genannte narzißtische Symbiose setzt eine phantasierte Gleichheit von Individuen voraus – in der Art von Beziehung, die Kohut als narzißtische »Zwillingsübertragung« beschrieben hat. Ich zähle sie zu den schizoiden Beziehungsformen. Gleichheit schützt vor Verlust der eigenen Identität, wenn es zur gewünschten – und gefürchteten – Verschmelzung kommt. Ähnlichkeit oder Gleichheit wird zu einem Wert in Beziehungen, man kann sich dann auch wortlos verstehen.

Eine narzißtische Symbiose in dem von mir (König 1992) definierten Sinne läßt nur das eigene Selbst als Person gelten. Das Gegenüber wird lediglich in seinen Funktionen gesehen. In beruflichen Beziehungen kann die Funktionalisierbarkeit des anderen vom narzißtisch Strukturierten hoch geschätzt werden: Jemand erfüllt seine Aufgaben, ohne den Anspruch zu haben oder gar zu vertreten, man möge ihn als Person wahrnehmen.

Vom narzißtisch Strukturierten wird die Bereitschaft zu vorbehaltloser Bewunderung hoch bewertet. Da kann gewünscht werden, daß der Bewundernde selbst viel »wert« ist, weil es den Wert der Bewunderung steigert.

Zum Beziehungswunsch des Depressiven gehört, daß der andere unbegrenzt gebefreudig und fähig ist, unbegrenzt zu geben. Zumindest soll er sich bis an die Grenzen des Möglichen anstrengen und verausgaben. Aus der Position des depressiv strukturierten Gebenden gesehen, gilt dankbares und freudiges Annehmen als wertvoll. Der Gebende freut sich an der Freude des Empfangenden.

Selbst wenn er es vorzieht, als Spender anonym zu bleiben, denkt der depressiv Strukturierte doch gerne daran, daß der Beschenkte Dankbarkeit einem Unbekannten gegenüber empfindet, mit dem der Gebende ja identisch ist.

In einer depressiv strukturierten Beziehung handelt es sich durchweg um Gefühlszustände, Handlungsweisen und, was die Disposition zur Dankbarkeit angeht, um Persönlichkeitseigenschaften einer *ganzen* Person. Es geht nicht um eine Teilobjekt-Beziehung. Damit der Gebende sich an der Freude des Beschenkten freuen kann, muß dieser ein Mensch sein, nicht ein Funktionsbündel. Der depressiv Strukturierte kann sich auch daran freuen, daß ein Tier dankbar für das Futter ist, das er ihm gibt, oder eine Pflanze gut gedeiht, die er gießt, düngt und pflegt. Tier und Pflanze werden dann anthropomorphisiert.

Für den Zwanghaften geht es in seinen Beziehungswünschen um Macht, die um ihrer selbst willen angestrebt wird, um die Demut, den Gehorsam oder die Hilflosigkeit des Beherrschten. Demut und Gehorsam werden hoch bewertet. Wer sich als Zwanghafter unterwirft, kann es genießen, kontrolliert zu werden. Kontrollieren ist nicht im Sinne des Prüfens gemeint, sondern im Sinne des Beherrschens. Der Wunsch zu beherrschen oder beherrscht zu werden findet sich in sexuellen Phantasien, die in der sadomasochistischen Perversion rituell ausagiert werden.

Eine beliebte Form des Ausübens von Macht findet sich im Helfen. Selbst ein Helfender zu sein, kann hoch bewertet und angestrebt werden. Umgekehrt kann ein Zwanghafter phantasieren, gerettet zu werden, und es gerne in Kauf nehmen, in eine gefährliche Situation zu geraten, wenn er nur gerettet werden kann. Ein solcher Mensch kann die im Sich-helfen-Lassen oft enthaltene Unterwerfung genießen oder sich mit dem Helfenden in seiner Machtausübung identifizieren, wie man das ähnlich und verwandt in der sadomasochistischen Perversion findet.

Phobisch strukturierte Menschen schätzen im anderen verläßliche Verfügbarkeit. Ihre Partnerwahlen setzen meist voraus, daß die Fähigkeit und die Bereitschaft zu verläßlicher Begleitung vorhanden sind. Der phobisch Strukturierte ist auf Harmonie angewiesen. Für ihn ist es ein Wert an sich, wenn man sich verträgt.

Bei der hysterischen Struktur vom phallisch-narzißtischen Typ geht es um die Bewunderung von Geschlechtseigenschaften. Geschlechtseigenschaften können dadurch anerkannt werden, daß ein Mensch sich für einen anderen als Geschlechtswesen interessiert und von ihm sexuell erregt wird. Die sexuelle Erregung des Mannes ist für die Frau, die sexuelle Erregung der Frau für den Mann eine Bestätigung der eigenen Geschlechtseigenschaften. Deshalb ist für Menschen vom phallischen Typ, seien es Männer oder Frauen, die sexuelle Ansprechbarkeit eines Partners ein Wert, der höher geschätzt werden kann als Schönheit oder Kraft, obwohl Schönheit und Kraft den Wert des erregten Objekts und damit seiner Erregung erhöhen. Weil die Erregbarkeit durch den anderen zu Beginn einer Liebesbeziehung regelhaft am höchsten ist, kann es dazu kommen, daß jemand immer neue Beziehungen sucht, um sich immer wieder durch die intensive Verliebtheit der Partnerin oder des Partners bestätigen zu lassen.

Ein hoher Wert kann es dann auch sein, daß die anerkennende Frau oder der anerkennende Mann »schwer zu erobern« ist, was oft mit der Vorstellung verbunden wird, daß er oder sie durch niemand anderen als durch einen selbst erregt würde. Diese Phantasie wird zum Beispiel im Märchen Dornröschen dargestellt, wo die schlafende Prinzessin nur durch einen hervorragenden Mann erweckt werden kann, der den schwierigen Weg zu ihr findet. Dem entspricht im realen Leben eine Frau, die »schwer zu haben« ist und nur jemand Besonderen als Partner akzeptiert.

In der ödipalen Entwicklungsphase, in der sich der positive und negative Ödipuskomplex entfaltet, wird Partnerschaft hoch eingeschätzt. Der ödipale Junge oder das ödipale Mädchen möchte als Partner oder Partnerin der Mutter oder des Vaters anerkannt werden, wobei unter Partnerschaft eine erwachsene Beziehung verstanden wird. Der Junge vergleicht sich mit dem

Vater und möchte von der Mutter als Partner höher geschätzt werden als der Vater, die Tochter vergleicht sich mit der Mutter und möchte vom Vater als Partnerin höher eingeschätzt werden als diese.

Im negativen Ödipuskomplex finden sich spiegelbildliche Wünsche.

Darin, wie ein Erwachsener in einer Partnerschaft anerkannt zu werden, besteht ja die *ödipale Illusion*, die, wenn sie verwirklicht zu sein scheint, weil das Kind der Partnerin oder dem Partner gegenüber vorgezogen wird, dazu führen kann, daß der Junge oder das Mädchen meint, es sei im Leben wichtig, von Partnern anerkannt zu werden, ohne zu berücksichtigen, daß dazu Eigenschaften des Erwachsenen notwendig sind, wenn es sich um eine erwachsene Partnerschaft handeln soll.

In der ödipalen Entwicklungsphase wird das Ernstgenommenwerden besonders hoch geschätzt. Der Junge möchte von der Mutter, die Tochter vom Vater, im negativen Ödipuskomplex vice versa, als Partner oder Partnerin ernst genommen werden. Dieser Wunsch ist oft mit Phantasien verknüpft, nur scheinbar ein Kind, in Wirklichkeit aber ein Erwachsener zu sein. Bei Männern, die in der ödipalen Entwicklungsphase fixiert sind, drückt sich das zum Beispiel in der Phantasie aus, ein kleines, unscheinbares Auto zu haben, das aber einen starken Motor hat und größere Autos überholt.

Das Ernstgenommenwerden als zentraler Wunsch der ödipalen Entwicklungsphase und seine hohe Bewertung kann leicht übersehen werden, wenn man den Ödipuskomplex nur aus der Sicht des Begehrens sieht. Im positiven wie im negativen Ödipuskomplex geht es um eine spezifische Bewertung der eigenen Person in einer Partnerbeziehung, die positiv nur dann stattfinden kann, wenn der Partner oder die Partnerin ernst genommen wird.

Patienten und Therapeuten – Zum Einfluß der Charakterstrukturen von Patient und Therapeut auf Behandlungsmotivation, Indikation und Behandlungsverlauf

Riemann hat sich in den fünfziger und frühen sechziger Jahren auf der Basis des damaligen Wissens in mehreren Artikeln mit den Einflüssen der Persönlichkeitsstruktur von Patient und Therapeut auf die Therapie befaßt. Diese Artikel wurden von Mandel (1974) in einem Sammelband zusammengefaßt. Sie wurden wenig beachtet. In jener Zeit begann erst die Diskussion um die Gegenübertragung (z.B. Heimann 1950, Heigl 1960 a, b, 1963). Viele Analytiker glaubten, ein ausreichend analysierter Analytiker müsse in der Lage sein, sich neutral zu verhalten – eine Ansicht, die man auch noch bei Heimann finden kann. Riemann und auch Heigl sahen erhebliche persönlichkeitsbedingte Unterschiede zwischen Analytikern. Heute akzeptieren wohl die meisten Autoren, daß es solche Unterschiede gibt. »Charakterübertragung« (Sandler et al. 1992) spielt neben der Übertragung im engeren Sinne bei Gegenübertragungen eine erhebliche Rolle. Daß sich Patienten mit unterschiedlichen Strukturen in Therapien je nach Charakterstruktur unterschiedlich verhalten, wurde schon immer berücksichtigt.

Hier versuche ich nun eine Darstellung mutueller Einflüsse der Charakterstrukturen von Patienten und Therapeuten aus heutiger Sicht.

Therapie bei schizoider Struktur

Die schizoide Persönlichkeitsstruktur ist durch intensive Verschmelzungswünsche gekennzeichnet. Verschmelzung wird aber gefürchtet, weil sie einen Verlust der eigenen Identität bedeuten würde. Aus dem Wunsch nach Verschmelzung und der Angst davor entsteht der schizoide Grundkonflikt.

Im Partnerwahlverhalten kommt er darin zum Ausdruck, daß Menschen gesucht werden, die so sind wie der schizoid Strukturierte selbst. Wenn der andere so ist wie man selbst, ist Verschmelzung nicht gefährlich, weil sie keinen Verlust der Identität bedeutet. Nach der Verschmelzung wäre man so wie vorher. Daß der Andere zumindest teilweise so denkt und fühlt wie er selbst, ist eine Voraussetzung dafür, daß der schizoid Strukturierte sich mit einem Gegenüber versteht. Man ist auf »gleicher Wellenlänge«. Oft besteht dann das Gefühl, sich ohne Worte verständigen zu können. In dieser Phantasie ist die Vorstellung enthalten, daß die Grenzen zwischen Ich und Du durchlässig oder aufgehoben sind.

Bei schizoid Strukturierten findet sich tatsächlich auch eine Labilität der Ich-Grenzen, die sich zum Beispiel darin ausdrükken kann, daß Umweltreize stärker empfunden werden, als andere Menschen sie empfinden. Der schizoide Mensch ist in vieler Hinsicht empfindsam. Nach außen hin kann er sich aber gleichgültig geben. So verbirgt er seine übersteigerte Sensibilität und alles, was in seinem Innern vor sich geht. Im Gegensatz zum Eindruck, der durch Außenbeobachtung entsteht, empfinden Schizoide intensiv. Das gilt auch für Phantasien, die ohne nachvollziehbaren äußeren Anlaß entstehen. Solche Phantasien können mit Glücksgefühlen verbunden sein, aber auch mit Vorstellungen katastrophalen Unglücks.

Die lebhafte Phantasie vieler Schizoider bewirkt neben der Durchlässigkeit ihrer Ich-Grenzen, daß sie sich in die Situation eines Menschen hineinversetzen, dem es aus äußeren Gründen schlechtgeht, und die Situation dann sogar stärker empfinden als der Betreffende selbst. Wenn sie davon hören, wie es Menschen in Kriegsgebieten oder in Hungergebieten geht, empfinden sie deren Lage intensiv, auch wenn sie von dem Gebiet, wo solches stattfindet, Tausende Kilometer entfernt sind.

Man darf das nicht mit Einfühlung verwechseln. Einfühlung bedeutet, daß man das Erleben des anderen Menschen miterlebt, während der Schizoide so erlebt, wie er selbst in einer entsprechenden Situation erleben würde.

Tatsächlich ist die Fähigkeit des Schizoiden zur Empathie eingeschränkt. Er kann nur mitempfinden, was er aus eigenem Erleben kennt. Man kann auch sagen, daß Ähnlichkeit eine Voraussetzung seines Einfühlens ist. Ist diese Voraussetzung nicht gegeben, kann der Schizoide gegenüber den vom anderen ausgedrückten Gefühlen blind sein.

Schizoid Strukturierte wollen Autonomie. Manche suchen das durch Bedürfnislosigkeit zu erreichen. Wer nichts von anderen braucht, kann sich von anderen unabhängig fühlen. Natürlich ist ein Leben, in dem man gar nichts braucht, was von anderen Menschen kommt, in unserer Gesellschaft kaum vorstellbar. Das kann von Schizoiden aber ausgeblendet werden. Sie fühlen sich pseudoautonom. Ein vielzitiertes Beispiel für weitgehende Bedürfnislosigkeit ist Diogenes in seiner Tonne. Freilich mußte er sich ernähren; meines Wissens ist nicht überliefert, wie er das bewerkstelligt hat.

Manche Schizoide nutzen aus, daß andere verpflichtet sind, ihnen etwas zu geben. In unserer Zeit leben sie etwa von Sozialhilfe. In Ländern mit einer Bettelkultur betteln sie. Man kann denken, sie fühlten sich von dem Wohlwollen derer abhängig, die ihnen etwas geben. In den Ländern mit einer Bettelkultur ist der Gläubige aber verpflichtet, Almosen zu geben. Das Sozialamt ist verpflichtet, Sozialhilfe zu zahlen, wenn die Voraussetzungen erfüllt sind.

Manche Schizoide tun eine Arbeit unter ihrer Qualifikation,

für die schlecht Arbeitskräfte gewonnen werden können. Sie fühlen sich dann vom Arbeitgeber nicht abhängig, der ja froh sein kann, daß er sie hat.

Vor der Therapie

Schizoide kommen meist dann in Therapie, wenn sie ihre Lebensverhältnisse nicht so einrichten können, daß sie zur Persönlichkeitsstruktur passen. So kann ein Schizoider von einer Partnerin unterhalten werden, die ihn liebt. Das findet er selbstverständlich. Die Versorgung ergibt sich aus der Liebe der Partnerin. Dafür, daß er geliebt wird, meint der Schizoide, nichts zu können. Es hat sich so herausgestellt. Daß die Frau sich nach einiger Zeit ausgenutzt fühlen und sich deshalb trennen kann, daran denkt er nicht. Kommt es zur Trennung, empfindet er sie als überraschendes, katastrophales Ereignis.

Häufig ist die Kombination einer depressiven Frau mit einem schizoiden Mann, den sie wegen seiner scheinbaren Autonomie bewundert, weil sie von sich selbst die Neigung kennt, sich abhängig zu machen. Sie möchte gerne so sein, wie der schizoide Partner zu sein scheint. Merkt die depressive Frau aber, daß ihre Liebe nicht erwidert wird – zumindest nicht so, wie sie sich das wünscht –, kann sie sich zurückziehen. Der Schizoide fällt dann aus allen Wolken; die Unzufriedenheit der Partnerin hat er nicht mitbekommen. Er merkt, daß er von der Partnerin abhängig war und ist und ohne sie nicht zurechtkommt. Das kann ein Grund dafür sein, daß er eine Therapie sucht.

Die Beziehung zu einem Therapeuten stellt sich der schizoid Strukturierte unpersönlich vor (»Ich gehe zu einem Experten«), oder er sucht nach einem seelenverwandten Therapeuten, was dazu führen kann, daß er eine Therapie nicht beginnt oder abbricht, wenn er den Eindruck gewinnt, die erwartete Seelenverwandtschaft sei nicht vorhanden. Daß man lernen kann, sich zu verstehen, ist dem schizoid Strukturierten fremd.

Anrufbeantworter

Der Schizoide bekommt Probleme mit einem Anrufbeantworter, wenn er davon ausgeht, der Therapeut müsse Wesentliches, was zu einer Kommunikation nötig ist, bereits wissen. Er vergißt seine Telefonnummer zu sagen oder nennt sie mit einem solchen Tempo, daß der Therapeut nicht mitschreiben kann, wenn er den Apparat abhört. (Depressive sprechen dagegen undeutlich, weil sie nichts verlangen mögen und das Gefühl haben, den Therapeuten sowieso zu belästigen.)

Beginn einer Therapie

Die Therapie schizoid Strukturierter wird oft im Sitzen durchgeführt. Das erleichtert ihnen die Orientierung. Da Schizoide Wahrnehmung eines Gegenübers im Sinne eines Reizschutzes habituell einschränken, nehmen sie im Sitzen vom Therapeuten etwa so viel wahr wie andere im Liegen. Zu Beginn einer Therapie geht es um das Etablieren einer Arbeitsbeziehung zu den Bedingungen des Patienten. Zu diesen Bedingungen gehört oft, daß der Therapeut die Gefühle des Patienten wahrnimmt und sie bei der Dosierung seiner Interventionen berücksichtigt, sie aber nicht direkt benennt. Der Patient gewinnt sonst den Eindruck, daß der Therapeut einseitig in sein Inneres eindringt. Allenfalls kann er nach den Gefühlen fragen. Benennt der Patient seine Gefühle, kann der Therapeut signalisieren, daß er versteht, oder sein Nichtverstehen benennen. Mit den Gefühlen des Patienten kann ein Therapeut im Rahmen der interaktionellen Methodik (Heigl-Evers und Heigl 1973, Heigl-Evers und Ott 1996) direkter umgehen, weil er dann, wenn auch selektiv, eigene Gefühle offenlegt, was eine Mutualität herstellt, die dem Wunsch des Patienten nach gegenseitigem Verstehen näherkommt und es ihm dann auch ermöglicht, sich in der Beziehung zu orientieren. Nichtverstehen zu benennen (»Das verstehe ich noch nicht«)

wirkt der Befürchtung des Patienten entgegen, der Therapeut könne mit einem Röntgenblick in ihn hineinsehen. Benutzt der Therapeut die oben vorgeschlagene oder eine inhaltlich ähnliche Formulierung, signalisiert er gleichzeitig, daß er zwar *noch nicht versteht, aber verstehen möchte.* Schizoide, die nicht die Lösung des Rückzugs aus Beziehungen gewählt haben, sondern eine Beziehung eingehen, die Reaktionen des anderen aber unter Kontrolle haben müssen und fordern, daß er sich nur mit ihnen und nichts anderem beschäftigt, können beunruhigt werden, wenn sie merken, daß der Therapeut das nicht tut; zum Beispiel, wenn der Therapeut während der Stunde nach einem Taschentuch sucht, um sich die Nase zu schneuzen.

Für schizoid Strukturierte sind Beziehungen oft nur erträglich, wenn sich der Beziehungspartner ganz auf sie konzentriert, weil sie ihn nur dann total kontrollieren können. Eine kontrollierte Beziehung wird oft von solchen schizoid Strukturierten gewählt, die einen zwanghaften Persönlichkeitsanteil haben, der eine Tendenz, den anderen zu kontrollieren, nahelegt und verstärkt.

Der Mittelteil einer Therapie

Schizoid Strukturierte müssen in einer Therapie erfahren und akzeptieren lernen, daß der Therapeut von ihnen abgegrenzt ist und daß er in vielem anders ist. Daraus ergeben sich Entwicklungsanreize. Die Therapien Schizoider brauchen Zeit, weil der so angeregte Entwicklungsprozeß Zeit braucht. Es geht um eine Erweiterung des Denkens und Fühlens. Macht der Therapeut zu früh deutlich, in welcher Hinsicht er anders ist, kann es zum Therapieabbruch kommen.

Eine andere Möglichkeit ist, daß der Therapeut wie ein depressiv strukturierter Partner erlebt wird, der zuverlässig anwesend ist und dem man dafür nicht dankbar sein muß. Seine Anwesenheit ist selbstverständlich. Auch wenn er den schizoid

Strukturierten »nicht wirklich« verstehen kann, ist er doch »irgendwie« nützlich. Er soll über die Chance froh sein, mit einem einzigartigen Menschen umzugehen.

Viele schizoid Strukturierte machen ihre Therapie gleichsam selbst. Sie bedienen sich der Hilfe des Therapeuten. Hier finden sich Ähnlichkeiten mit der narzißtischen Struktur. Der narzißtisch Strukturierte nimmt den Therapeuten aber nicht als Person wahr, sondern als Funktionsbündel. Der schizoid Strukturierte, der andere als Personen wahrnimmt, wenn sie ihm ähneln, sieht Menschen, die ihm wenig ähneln, zwar auch als Personen, aber als inferiore Menschen, deren er sich bedienen kann, wenn er sie nachsichtig beurteilt.

Beendigung einer Therapie

Wenn es gutgegangen ist, sind schizoid Strukturierte am Ende oft dankbare Patienten. Sie empfinden eine geglückte Therapie wie eine zweite Geburt. Charakteristisch ist, daß viele Schizoide Lebensmöglichkeiten für sich entdecken, von denen sie vorher nichts wußten oder die sie bei anderen Menschen beobachtet, aber nicht im Sinne von Mitempfinden verstanden haben. Ihre Dankbarkeit behalten sie aber meist für sich. Bei vielen stellt sie sich erst mit Verzögerung ein. Abstand vom Therapeuten ist dazu nötig.

Nach einer Therapie

Schizoid Strukturierte tragen den Therapeuten nach einer gelungenen Therapie als ein wichtiges inneres Objekt mit sich fort und halten innere Dialoge mit ihm. Dennoch empfinden sie kein Bedürfnis, mit ihm Kontakt aufzunehmen. Sie haben Angst, ihr inneres Bild vom Therapeuten könne doch noch zerstört werden. Das kann ein Problem bei Lehranalysen sein, weil der Lehranalysand mit dem Lehranalytiker in dem Institut, in das er nach dem Examen eintritt, Realbeziehungen hat und den Therapeuten von anderen Seiten kennenlernt. Da kann es zu Enttäuschungen kommen, die der schizoid Strukturierte als katastrophal empfindet.

Der schizoide Patient und Psychotherapeuten verschiedener Strukturen

Schizoid strukturierte Therapeuten fühlen sich zu schizoid strukturierten Patienten hingezogen, wobei eine wesentliche Rolle spielt, daß sie deren Erleben und Handeln aus eigener Erfahrung kennen und es ihnen deshalb leichter fällt, mit ihnen auf »eine Wellenlänge« zu kommen, als mit anderen Patienten. Wie gut sie schizoid strukturierten Patienten helfen können, hängt mehr als bei solchen anderer Struktur davon ab, wie weit sie in ihrer eigenen Therapie gekommen sind. Das Diktum Freuds, ein jeder Therapeut könne mit seinem Patienten nur so weit kommen, wie er selber gelangt sei, trifft in dieser Allgemeinheit nicht zu. Es gibt Fälle, in denen ein Therapeut dem Patienten zu mehr Reife verhelfen kann, als er selbst erlangt hat. Das gilt zum Beispiel dann, wenn er eigene Probleme erkannt hat, es aber nicht geschafft hat, das in der Therapie Erkannte umzusetzen. In der Konstellation schizoider Patient und schizoider Therapeut trifft es aber zu. Ein schizoider Therapeut muß über die Enge seiner Partnerwahlen und seine Erlebensweisen hinausgelangt sein, um seinem schizoiden Patienten eine Erweiterung des Erlebens und Handlungshorizonts vermitteln zu können.

Narzißtisch strukturierte Therapeuten können durch das Besondere des Schizoiden angesprochen werden, auch durch die Schwierigkeit der Aufgabe. Viele narzißtisch strukturierte Menschen haben gelernt, Gefühlsäußerungen so zu dosieren, daß sie beabsichtigte Wirkungen erzielen. Das kann in Therapien nützlich sein, vom schizoid strukturierten Patienten aber auch als Manipulation durchschaut und abgelehnt werden.

Depressiv strukturierte Therapeuten werden von schizoid strukturierten Patienten aus ähnlichen Gründen angezogen, wie ich das für die Partnerwahl schizoider Menschen beschrieben habe. Er ist »anders« als sie, scheinbar autonomer. Darin liegt eine Faszination.

Im Therapieverlauf kann es dazu kommen, daß depressiv strukturierte Therapeuten dem schizoid strukturierten Patienten emotionale Beziehungsangebote machen, mit denen er nichts anfangen kann und die ihn erschrecken. Das gilt besonders für depressive Therapeuten mit einem hysterischen Strukturanteil, der zu aufdringlichem Verhalten disponiert.

Zwanghaft strukturierte Therapeuten werden durch die geheimnisvollen, schwer einschätzbaren Aspekte einer schizoiden Struktur beunruhigt, aber auch angezogen: Da ist jemand, dem sie hinter die Schliche kommen müssen, »um Ordnung zu schaffen«. Zwanghaft strukturierte Therapeuten kommen mit schizoiden Patienten oft gut zurecht, wenn sie sich an vorgegebene Regeln halten, was sie daran hindert, dem Patienten nahe zu kommen. Ungesteuert intervenieren sie in der Regel nicht, was dem schizoiden Patienten Sicherheit gibt, wenn er es eine Zeitlang erfahren hat. Allerdings behalten zwanghaft strukturierte Therapeuten den schizoid strukturierten Patienten oft unzweckmäßig lange. Sie möchten hinter alle seine Geheimnisse kommen, was sie oft mit viel Geduld versuchen, statt ihm einen Rest an Freiheit zu lassen, den seine Persönlichkeitsstruktur erfordert und immer erfordern wird, auch nach einer langen Analyse.

Phobisch strukturierte Therapeuten tun sich mit schizoid strukturierten Patienten schwer, weil diese ihnen wenig Orientierung geben. Der Wunsch phobischer Therapeuten, den Patienten auf einem Wege, den er vorausgeht, zu begleiten und ihm gegenüber eine Assistentenrolle einzunehmen, kann nicht erfüllt werden, weil der Patient zuwenig deutlich macht, was und wohin er will. Kontraphobische Therapeuten wollen ihrem schizoiden Patienten auf die Sprünge helfen, wo dieser keinen Wunsch nach Orientierung von seiten des Therapeuten verspürt, sondern alleingelassen werden möchte, damit er seinen Gedanken nachhängen und seine Gefühle sortieren kann.

Hysterisch strukturierte Therapeutinnen und Therapeuten mit einer eher *phallisch-narzißtisch orientierten Struktur* kann die Aufgabe reizen, eine Behandlung zu machen, die als schwierig gilt. Phallisch-narzißtisch strukturierte Therapeuten neigen auch weniger als hysterisch strukturierte vom ödipalen Typ dazu, unbedacht zu intervenieren oder dem Patienten eine bestimmte Kommunikationsform aufdrängen zu wollen.

Hysterisch strukturierte Therapeuten vom ödipalen Typ bekommen deshalb Schwierigkeiten, weil sie die nötige Geduld nicht aufbringen und mit Interventionen herausplatzen. Nicht selten kommt es gar nicht zu einer Therapie. Der schizoid strukturierte Patient zieht sich bereits nach dem Erstinterview zurück.

Therapie bei narzißtischer Struktur

Die narzißtische Persönlichkeitsstruktur ist zentral durch eine labile Überschätzung der eigenen Person (des Selbst) und die Funktionalisierung anderer Personen (der Objekte) gekennzeichnet, wobei diese anderen Personen häufig die Funktion haben, den narzißtisch Strukturierten zu bewundern.

Es kommt aber auch zur Integration anderer Menschen in das Selbst, so daß sie wie zur eigenen Person gehörend erlebt werden. Daraus resultiert, daß der narzißtisch Strukturierte glaubt, ohne diese Menschen nicht existieren zu können.

Folgt ein in das Selbst integrierter Mensch nicht den Erwartungen, kann das beim narzißtisch Strukturierten Angst auslösen, ähnlich, wie wenn ein Arm oder Bein sich selbständig machen und sich ohne Kontrolle durch das eigene Zentralnervensystem bewegen würde. Trennt sich ein solcher »Körperteil«, kann das analog dem Verlust einer Gliedmaße erlebt werden. Solche Beziehungen drücken sich manchmal in Redensarten aus, die beim narzißtisch Strukturierten eine spezifische Bedeutung gewinnen, wie: »Er (oder sie) ist meine rechte Hand«.

Vor der Therapie

Für narzißtisch Strukturierte bedeutet die Notwendigkeit, Psychotherapie zu machen, eine Kränkung. Vorstellungen eigener unbegrenzter Leistungsfähigkeit oder Vollkommenheit werden dadurch in Frage gestellt. Deshalb warten narzißtisch Strukturierte oft lange, ehe sie sich in Therapie begeben. Anlaß ist häufig eine unausweichliche Konfrontation mit der Realität, was Selbsthaß oder Depression hervorruft.

Ein narzißtisch Strukturierter kann dann entweder nach einem besonders prominenten Therapeuten suchen, bei dem in Therapie zu sein eine Aufwertung bedeutet. Er kann aber auch einen unbekannten und unscheinbar wirkenden Therapeuten suchen, weil er hofft, ihn als eine Art Assistent benutzen zu können, der ihm bei seiner Therapie, die er dann selbst in der Hand behält, Hilfsdienste leistet. Hier gibt es Ähnlichkeiten mit der schizoiden Struktur.

Anrufbeantworter

Anrufbeantworter werden von narzißtisch strukturierten Patienten in der Regel gut angenommen. Sie erwarten keine persönliche Inempfangnahme, sondern einen Fachmann oder eine Fachfrau, der oder die auf einem anderen Gebiet als seinem Experte ist, ähnlich wie ein Bergführer, Skilehrer oder Installateur. Der narzißtisch Strukturierte muß nicht von sich verlangen, selbst ein guter Skifahrer, Bergsteiger oder Installateur zu sein. Von solchen Menschen erwartet er, daß sie den Wünschen eines Auftraggebers folgen. So kann man als Klient eines Skilehrers, bei dem man Einzelunterricht hat, entscheiden, wo gefahren wird, wenn es mehrere Möglichkeiten gibt; der Bergsteiger kann sich den Berg und die Route aussuchen. Dem Installateur erteilt der Kunde einen umschriebenen Auftrag, den dieser ausführen muß.

Das Erstgespräch

Das Erstgespräch mit narzißtisch Strukturierten ist oft durch Sachlichkeit gekennzeichnet. Sie wollen mit ihrer Therapie unter Assistenz des Therapeuten kompetent umgehen. Hochfrequente Therapien meiden sie oft, weil sie befürchten, abhängig zu werden und so in einen Zustand zu geraten, in dem sie die Kontrolle über die Situation verlieren. Ihr wirklicher Leidensdruck wird oft erst mit der Zeit deutlich.

Beginn der Behandlung

Narzißtisch Strukturierte neigen also dazu, die Therapie selbst zu machen. Sind sie für therapeutisches Arbeiten begabt, kann es sein, daß sie Deutungen finden und aussprechen, die der Therapeut noch nicht gefunden hat oder die er noch nicht aussprechen will. Wenn der Therapeut die Deutung nicht findet oder wenn er eine Deutung, die er gefunden hat, zurückhält, weil er den Zeitpunkt, sie auszusprechen, nicht für gekommen hält, erlebt sich der Patient als überlegen und unabhängig. Vom Therapeuten erwarten narzißtisch Strukturierte für das Deuten Anerkennung, Bestätigung, ja, Bewunderung. Manchmal wird man an die Beziehung von Wagner und Faust in Goethes Drama erinnert, mit dem Therapeuten in der Rolle des Wagner.

Finden narzißtisch Strukturierte eine Äußerung des Therapeuten wertvoll, kann es sein, daß sie die Deutung zur Seite legen und sie später als ihre in die Therapie einbringen, wobei sie »vergessen« haben, daß sie vom Therapeuten kommt. Ein narzißtisch strukturierter Patient sagte mir gegen Ende seiner Analyse:

»Ein Schatz, der eine gewisse Zeit in der Erde lag, gehört dem Finder.«

Mittelteil der Therapie

Die Entwicklung einer narzißtischen Struktur führt oft zur Entwicklung eines depressiven Strukturanteils, in den der narzißtische Strukturanteil partiell umgewandelt wird. Es besteht die Gefahr, daß die Therapie in diesem Stadium steckenbleibt. Obwohl der Patient Fortschritte gemacht hat, geht es ihm schlechter, weil er noch nicht in der Lage ist, mit dem depressiven Strukturanteil so umzugehen, wie er es gelernt hätte, wenn dieser Anteil immer schon Teil seiner Persönlichkeit gewesen wäre.

Die meisten narzißtisch strukturierten Patienten entwerten den Therapeuten. Es geht ihnen besser: Sie haben es selbst geschafft. Der Therapeut hat an den Fortschritten einen untergeordneten Anteil. Soweit der Therapeut Einfluß nehmen konnte, haben sie das verdrängt. Sie leugnen oder bagatellisieren es oder sie denken zumindest, daß der Therapeut etwas bewirken konnte, weil sie so gute Patienten waren.

Natürlich ist da etwas dran: Kein Therapeut kann etwas erreichen, wenn der Patient nicht in der Lage ist, mitzuarbeiten. Beide, der Patient und der Therapeut, sind am Ergebnis beteiligt. Es kommt auf die quantitative Einschätzung an.

Beendigung der Therapie

Wenn die Therapie in einem Stadium beendet wurde, in dem der Therapeut noch funktionalisiert und als Person wenig wahrgenommen wird, kann die Beendigung gut toleriert werden. Ist die Diskrepanz zwischen dem realen Können und den Omnipotenzphantasien geringer geworden, kann der Patient hoffen, künftig über gut verwendbare Ressourcen zu verfügen. Der narzißtisch strukturierte Patient, der in der Therapie viel selbst gemacht hat, setzt das in einer Selbstanalyse fort. Trauer über den Abschied kommt nur auf, wenn ein depressiver Strukturanteil vorhanden ist.

Nach der Therapie

Manchmal entdecken narzißtisch Strukturierte erst nach einer gewissen Zeit, oft erst nach Jahren, daß der Therapeut ihnen doch geholfen hat. Dann empfinden sie Dankbarkeit. Oft haben sie mit dem, was sie in der Analyse lernten, weitergearbeitet und ihre Entwicklung fortgesetzt. Das lassen sie den Therapeuten wissen. War das therapeutische Ergebnis unzureichend, schuldigen sie den Therapeuten an, unzureichend gearbeitet zu haben. Unter Umständen beginnen sie eine weitere Therapie. Oft idealisieren sie den neuen Therapeuten, während sie den ersten Therapeuten abwerten. Das kann ihnen den Einstieg in die neue Therapie erleichtern. Allerdings werden sie die Kompetenz des zweiten Therapeuten kritisch, oft überkritisch prüfen. Der Idealisierung kann dann eine Abwertung folgen. Sie brechen die Therapie ab und suchen nach einem Therapeuten, der ein anderes therapeutisches Verfahren anbietet.

Der Umgang von Therapeuten verschiedener Strukturen mit den narzißtisch strukturierten Patienten

Narzißtisch strukturierte Therapeuten werden durch Patienten, deren Erfolge in der Therapie und außerhalb der Therapie ihren Erwartungen nicht entsprechen, gekränkt. Sie phantasieren einen Patienten, der so großartig wird, wie sie selbst zu sein hoffen oder gerne geworden wären. Oft überschätzen sie die Ressourcen eines Patienten, manchmal schreiben sie ihm auch besondere Begabungen zu, ähnlich wie narzißtische Eltern das mit ihren Kindern machen.

Der *depressiv strukturierte Therapeut* fühlt sich vom narzißtisch strukturierten Patienten als Person nicht gesehen, worunter er leiden kann. Seine warmen Beziehungsangebote werden vom narzißtisch strukturierten Patienten nicht aufgenommen oder zurückgewiesen, oft mit kränkenden Bemerkungen.

Der schizoid strukturierte Therapeut sieht durch die psychische Oberfläche hindurch und sieht so das Leiden, aber auch die Schwäche des narzißtisch strukturierten Patienten. Wenn er darauf zu früh eingeht, kränkt er ihn.

Zwanghaft strukturierte Therapeuten stützen sich auf ein theoretisches Konzept, das Regeln des Verhaltens impliziert. Durch die abwertenden Tendenzen narzißtisch strukturierter Patienten fühlen sie sich persönlich wenig betroffen, weil sie wissen, daß das »eben dazugehört«.

Phobisch strukturierte Therapeuten neigen oft dazu, dem narzißtisch strukturierten Patienten nachzufolgen und die Assistentenrolle, die er ihnen zudenkt und zuschreibt, zu akzeptieren, weil das ihrer Struktur entspricht. Sie machen den Patienten zu ihrem steuernden Objekt. Das geht oft recht gut. Allerdings haben sie Schwierigkeiten mit dem Ansprechen von Widerständen; da müßten sie aktiv werden.

Phallisch-narzißtisch strukturierte Therapeuten fühlen sich in ihrer Kompetenz durch die Zuschreibung der Assistentenrolle unterbewertet und dadurch gekränkt. Das ist besonders dann der Fall, wenn die therapeutische Kompetenz vom Therapeuten stellvertretend für eine Kompetenz im Rahmen der Geschlechtseigenschaften gesehen wird. Das gilt für männliche Therapeuten, aber auch für männlich identifizierte phallisch-narzißtische Therapeutinnen.

Hysterisch strukturierte Therapeuten vom ödipalen Typ haben oft nicht die Geduld, die Rolle des Assistenten oder der Assistentin über längere Zeit durchzuhalten. Sie wollen selbst etwas machen und nicht nur Handlanger sein. Ihre Versuche, aktiv zu werden, stoßen dann auf Widerstände. Oft äußert sich der Patient kränkend. Er weist dem Therapeuten Fehler und Schwächen nach und kritisiert seine Impulsivität. Das kann zum Abbruch der Therapie von seiten des Therapeuten führen.

Therapie bei depressiver Struktur

Für die depressive Struktur sind eine Abwertung des Selbst und eine übersteigerte Einschätzung anderer Menschen charakteristisch. Der depressiv Strukturierte wünscht sich gebefreudige und unbegrenzt gebefähige Objekte. Dieser Wunsch wird abgewehrt, manifest ist Überbescheidenheit. Sie maskiert latente Gier. In Beziehungen kann der depressiv Strukturierte schwer loslassen, weil er sich auf Objekte, zu denen er eine Beziehung entwickelt hat, existentiell angewiesen fühlt.

Die Initiative depressiv Strukturierter ist blockiert, und zwar nicht nur, wenn sie Symptome von Depressivität aufweisen, die in spezifischen auslösenden Situationen auftreten können und zu einer weiteren Minderung der Initiative führen. Wildlöcher (1986) hat sich mit der Verlangsamung des Denkens während einer depressiven Verstimmung beschäftigt. Meines Erachtens ist offen, ob es sich hier um einen in der depressiven Verstimmung verstärkten Initiativemangel handelt, so daß sich der Depressive zu jedem neuen Denkschritt zwingen muß, oder ob in der manifesten Depression ein weiterer Faktor hinzukommt.

Die Blockierung der Initiative bei depressiv Strukturierten ohne Depression läßt sich entwicklungsgeschichtlich erklären. Orale Impulse sind die ersten. Sie bilden so den Kern aller Initiativen. Werden orale Impulse blockiert, sind alle späteren Formen der Aktivität mitbetroffen. Viele depressiv Strukturierte arbeiten nur, weil das Gewissen es ihnen vorschreibt. Ihnen fehlt ein natürlicher Drang, aktiv zu sein.

Aufgrund von Erfahrungen, die in der oralen Entwicklungsphase gemacht wurden, entwickeln sich zwei Typen der depressiven Struktur, bei denen es um die Quantität und die Qualität des Gewünschten geht. Es gibt depressiv Strukturierte, die mehr haben möchten, als sie bekommen. Gleichzeitig fühlen sie sich dieses Mehrs oft unwürdig. Die anderen möchten etwas anderes als das, was sie bekommen. Das basiert auf Erfahrungen mit einer unempathischen Pflegeperson in der oralen Entwicklungsphase: »Was er will, das kriegt er nicht, und was er kriegt, das will er nicht«.

Bei der Diagnostik sind Geschlechtsrollenunterschiede zu berücksichtigen. Frauen wirken im interpersonellen Umgang mit Männern oft weniger aktiv als diese. Im Umgang mit anderen Frauen oder mit Kindern können Frauen, die sonst passiv wirken, durchaus aktiv sein.

Vor der Therapie

Wegen ihrer Selbstunterschätzung und ihrer bewußten Bescheidenheit trauen sich Depressive oft nicht, eine Therapie zu beanspruchen. Sie möchten die Zeit des Therapeuten nicht in Anspruch nehmen oder jemandem, der es vielleicht nötiger braucht, einen Therapieplatz wegnehmen. Oft kommen sie erst zur Therapie, wenn sie von anderen dazu gedrängt werden.

Der Anrufbeantworter

Depressiv Strukturierte werden durch einen Anrufbeantworter abgeschreckt. Sie möchten nicht mit einer »Maschine« sprechen. Durch den Inhaber des Anrufbeantworters fühlen sie sich zurückgewiesen.

Da die meisten Psychotherapeuten mit einem Anrufbeantworter arbeiten, dürfte das Auswirkungen auf die Selektion der Patienten haben.

Depressiv strukturierten Patienten widerstrebt es, Informationen für einen Rückruf zu hinterlassen. Das könnte ihnen als Ansprüchlichkeit ausgelegt werden. Andererseits widerstrebt es ihnen, zu einer bestimmten Telefonzeit anzurufen. Der Therapeut stellt »wenig« Telefonzeit, halbe Stunden oder Stunden, zur Verfügung. Vielleicht kommen sie »gar nicht dran«.

Depressiv Strukturierte achten sehr darauf, wie der Therapeut auf dem Anrufbeantworter klingt – freundlich und willkommen heißend oder abweisend.

Das Erstgespräch

Viele depressiv Strukturierte untertreiben, was ihre Symptome angeht. Ist die depressive Struktur aber mit einem hysterischen Strukturanteil verbunden, kann es sein, daß sie ihre Beschwerden dramatisieren, womit sie gleichzeitig ausdrücken, daß ihnen schwer zu helfen sei und sie viel Zuwendung bräuchten. Gleichzeitig können sie sich wegen ihrer negativen Selbsteinschätzung nicht vorstellen, daß der Therapeut an ihnen als Menschen interessiert sei; sie können sich eher vorstellen, daß der Therapeut sich verpflichtet fühlen werde, ihnen zu helfen, wenn er merkt, daß sie leiden. Der depressiv strukturierte Patient nimmt also an, daß der Therapeut in erster Linie durch sein Gewissen motiviert wird, was er von sich selbst kennt.

Manche depressiv Strukturierte übertragen auf den Therapeuten ein frustrierendes oder abweisendes Objekt aus ihrer Kindheit; oft ist es jenes Objekt, das für die Entstehung der depressiven Struktur am wichtigsten war. Der Patient konnte mit seinen Wünschen, die sich auf vitale Bedürfnisse beziehen, bei der Mutter oder sonst einer Pflegeperson nicht »ankommen«; sei es, daß die betreffende Person nicht in der Lage war, seine Signale zu erkennen; sei es, daß sie den Signalen nicht folgen wollte oder daß sie nicht in der Lage war, auf sie einzugehen. Durch den interaktionellen Anteil der Übertragung (König 1982) bewirken die depressiv strukturierten Patienten dann, daß sich der Therapeut zurückhaltend einstellt. Viele depressiv strukturierte Patienten kommen über Mitleidsgefühle des Therapeuten, oder weil sie deren Gewissen tatsächlich angesprochen haben, in Therapie. Andere werden aus Gegenübertragungsgründen abgelehnt: Der interaktionelle Anteil der Übertragung hat funktioniert.

Die Anfangsphase der Therapie

Viele depressiv strukturierte Patienten arbeiten zu Beginn nicht wirklich mit. Sie klagen und erwarten, daß ihnen jene Hilfe zuteil wird, von der sie unbewußt meinen, daß sie ihnen zusteht. Dieser unbewußte Anspruch manifestiert sich, ohne daß er als Anspruch oder gar als Ansprüchlichkeit erlebt wird. Indirekt, später direkter protestieren sie dagegen, daß ihnen Hilfe vorenthalten wird oder daß der Therapeut Hilfe aufschiebt. Wenn er nur wollte, könnte er ihnen rasch helfen. Das Erkennen der eigenen, mit den Ansprüchen verbundenen Aggressivität bedeutet in der Therapie oft einen Wendepunkt. Ein depressiv Strukturierter muß seine Gier erkennen und sich mit ihr auseinandersetzen.

Die Mittelphase

Depressiv Strukturierte, die mehr möchten, als ihnen gegeben wird, so viel, wie nicht gegeben werden kann, kritisieren jetzt, daß sie zu wenig bekommen: zunächst indirekt, später direkter. Zunächst halten sie sich mit der Kritik zurück, weil sie bewußt davon überzeugt sind, nicht mehr zu verdienen. Wenn sie auf direktem Wege mehr verlangen, also mehr einfordern, statt zum Beispiel die Stunde dadurch zu verlängern, daß sie zum Ende der Sitzung etwas Wichtiges einbringen, ist das ein Zeichen dafür, daß sich ihre Selbsteinschätzung verbessert. Sie meinen eher, etwas zu »verdienen«.

Depressiv Strukturierte, die »nur das Falsche bekommen« (was er kriegt, das will er nicht, und was er will, das kriegt er nicht, wobei unklar bleibt, was er eigentlich will), lehnen das, was der

Analytiker ihnen bietet, von vornherein ab. Auch dieses geschieht zunächst indirekt; zum Beispiel, indem eine Deutung akzeptiert, aber nicht verwertet wird. Direkter wird es, wenn Phantasien auftauchen, daß eine andere Therapie vielleicht besser wäre; später, daß ein anderer Therapeut besser wäre. Letzteres ist schon als Fortschritt zu werten, weil dann zumindest das Verfahren akzeptiert wird.

Die Reihenfolge kann aber auch umgekehrt sein: Der Betreffende hat die Vorstellung, der Therapeut verfüge über das Geeignete, halte es aber aus unerfindlichen Gründen zurück und biete Ungeeignetes an; vielleicht weil seine therapeutische Schule ihm Verfahrensregeln eingetrichtert hat, die ihm das gebieten. Die Kritik am Verhalten des Therapeuten kann deshalb direkt geäußert werden, weil die Verantwortung letztlich nicht beim Therapeuten, sondern bei den Leuten liegt, die ihm ein bestimmtes Verhalten in der Therapie beigebracht haben.

Bei depressiv Strukturierten haben Selbstvorwürfe oft die Funktion, Vorwürfe an ein wichtiges Objekt abzuwehren. Sie werden gegen das Selbst gelenkt. Man kann nicht sagen, daß die Vorwürfe ursprünglich durch ein strenges Über-Ich ausgelöst werden. Oft hat man eher den Eindruck, daß das Über-Ich in den Dienst der Abwehr aggressiver Impulse gestellt wird, die gegen ein Objekt gerichtet sind. Das hat technische Konsequenzen. Wird das Über-Ich externalisiert, werden die Selbstvorwürfe also in Vorwürfe umgewandelt, von denen der Patient erlebt, daß der Therapeut sie ihm macht, gilt allgemein die Regel, daß solche Externalisierung angenommen werden muß, weil sich die Vorwürfe sonst zu Selbstvorwürfen zurückverwandeln. Wird die Externalisierung aber aufrechterhalten, kann das zum Abbruch der Therapie führen. Der Patient entzieht sich den Vorwürfen des Analytikers, indem er abbricht. Stellt sich der Analytiker aktiv als »milder« dar, als es dem projizierten Über-Ich entspricht, besteht die Gefahr der Rücknahme der Externalisierung und der Rückverwandlung in Selbstvorwürfe. Man kann sagen, daß eine solche Therapie zwischen Skylla und Charybdis geführt werden muß. Der Therapeut hat es mit wichtigen Dosierungsfragen zu tun. Es geht darum, ob er mehr der einen oder mehr der anderen Strategie folgt, und nicht darum, ob er nur der einen oder der anderen folgt. Cremerius (1990) hat auf die Gefahren der Externalisierung eines überstrengen Über-Ich hingewiesen. Man kann auch sagen, daß eine solche Therapie zwischen Abbruch und Suizid läuft, wobei der Abbruch wiederum Suizidalität zur Folge haben kann.

Eine weitere Möglichkeit des Umgangs mit gefährlichen Selbstvorwürfen kann bei Suizidgefahr schlicht in der Kombination von Psychotherapie mit Psychopharmaka bestehen; eine Kombination, die allerdings erfordert, daß der Therapeut Erfahrungen im Umgang mit Psychopharmaka hat, was bei psychoanalytisch tätigen Psychotherapeuten selbst dann nicht immer der Fall ist, wenn sie eine psychiatrische Ausbildung absolviert haben. In der Regel empfiehlt sich die Kooperation mit einem Pharmakotherapeuten, der den medikamentösen Anteil der Behandlung übernimmt.

Die Mittelphase der Therapie steht bei vielen depressiv strukturierten Patienten im Zeichen des Durcharbeitens. Es geht um ein Sozialisieren von Gier, also eine Transformation archaischer Gier in legitimen und realistischen Anspruch. Nicht alle Therapien depressiv Strukturierter gehen diesen Weg. Manche gehen einen Umweg über die Modifikation des Über-Ich.

Das Über-Ich wird in Zusammenarbeit mit einem gewährenden Therapeuten modifiziert, der durch sein reales Verhalten eine Korrektur der auf ihn externalisierten Über-Ich-Ansprüche bewirkt.

Beendigung der Therapie

Bei keiner anderen Struktur ist die Endphase der Therapie so wichtig. In ihr erweist es sich, ob genug Selbstversorgungsfähigkeiten erarbeitet werden konnten, die es dem Patienten ermöglichen, sich zuversichtlich vom Therapeuten zu trennen. Oft kommt es zu regressiven Bewegungen. Der Patient erlebt noch einmal eine existentielle Angewiesenheit auf den Therapeuten. Er erlebt Enttäuschung darüber, daß die Therapie nicht leichter vonstatten ging und daß sie nicht das erwartete, perfekte und umfassende Ergebnis gezeitigt hat. Ist die Enttäuschung ventiliert und bearbeitet, kann der Patient Dankbarkeit für den Einsatz des Therapeuten empfinden.

In der Abschiedsphase findet ausgeprägter statt, was oft schon am Ende der Stunde stattfand. Das Abschiednehmen fällt dem depressiv Strukturierten schwer. Er befürchtet auch, den Therapeuten dadurch zu enttäuschen, daß ihm der Abschied schwerfällt. Das müßte er schon besser können. Depressiv Strukturierte thematisieren die Abschiedsphase oft zuwenig. Beendet der Therapeut die Therapie dennoch, fühlen sie sich weggeschickt. Den Therapeuten fällt die Aufgabe zu, den Widerstand des Patienten gegen ein Sprechen über den Abschied zu konfrontieren und mit dem Patienten zu bearbeiten. Depressiv Strukturierte mit einem zwanghaften Persönlichkeitsanteil setzen in der Endphase oft die Isolierung vom Affekt ein. Sie möchten den Abschied möglichst kompetent bewältigen, und das tun sie, indem sie sich »sachlich« verhalten.

Ist die Abschiedsphase nicht ausreichend bearbeitet worden, kann es nach Ende einer Therapie zu depressiven Verstimmungen kommen. Der Patient hat dem Therapeuten die Beendigung der Therapie übelgenommen und richtet die Aggressivität gegen sich selbst, um sein inneres Bild von einem guten Therapeuten nicht zu beschädigen.

Nach der Therapie

Hat die Therapie Erfolg gehabt, denken die meisten depressiv strukturierten Patienten gern an die Therapie zurück. Wird die Therapie als Modell für Beziehungen gesehen, kann das aber zu

Enttäuschungen führen. Greenson soll gesagt haben, daß jeder Therapeut fünfzig Minuten lang ein »idealer Mensch« sein kann. Tatsächlich stellt ein Therapeut seine eigenen Bedürfnisse in der therapeutischen Situation zurück. Er stellt sich darauf ein, die Entwicklung des Patienten zu fördern. In Alltagsbeziehungen von gleich zu gleich wäre das so nicht möglich.

Therapeuten verschiedener Strukturen und der depressiv strukturierte Patient

Depressiv strukturierte Menschen glauben sehr an die heilende Kraft der Liebe. Das tun auch *depressiv strukturierte Therapeuten.* Ein bekanntes Beispiel ist Ferenczi (1988). Ein depressiv strukturierter Patient und ein depressiv strukturierter Therapeut sind auf den ersten Blick wie füreinander geschaffen. Der Patient möchte, daß ihm Liebe gegeben wird; Liebe, wie er sich sie vorstellt, gebende Liebe. Er möchte selbst auch geben, zum Beispiel bringt er viel Material, um den Therapeuten zufriedenzustellen. Der depressiv strukturierte Therapeut gibt viel an Interventionen, er will aber auch viel Material. Er gibt auch viel Zeit; zum Beispiel, indem er die Stunden überzieht. Das fördert unrealistische Erwartungen an weiteren Einsatz. Der wird bald so phantasiert, daß er niemals geleistet werden kann.

Wenn ein depressiv strukturierter Therapeut die Stunden überzieht, hängt das oft auch damit zusammen, daß er unter Trennungen leidet und dem Patienten die Trennung am Ende der Stunde nicht zumuten will. Er hat das Gefühl, der Patient würde unter dem Mini-Abschied nach einer Stunde ebenso leiden, wie er das in der Rolle des Patienten tun würde, womit er bei einem depressiv strukturierten Patienten oft recht hat.

Depressiv strukturierte Therapeuten haben mit Kurzzeittherapien ähnliche Schwierigkeiten wie depressiv strukturierte Patienten. Sie lassen sich ungern auf eine Beziehung ein, die zeitlich eng begrenzt ist.

Der depressiv strukturierte Therapeut versteht den depressiv strukturierten Patienten gut, in der Qualität des Erlebens und bezüglich der Hintergründe. Wie gut er mit depressiv strukturierten Patienten arbeiten kann, hängt stark von der Qualität seiner Selbsterfahrung ab. Therapeuten, die ihre eigene depressive Struktur durchgearbeitet haben, können das in der eigenen Therapie Erfahrene unmittelbar anwenden. Das ist ein Vorteil, kann aber auch zum Nachteil gereichen, nämlich wenn der Therapeut annimmt, der Patient sei in vielem *genauso wie er.* Es gibt aber verschiedene Formen der Depressivität, die sich unter anderem aus Unterschieden der Ressourcen ergeben. Es kommt auch darauf an, was man realistisch erhoffen kann. Da depressiv Strukturierte oft spät im Leben in Therapie kommen, haben sie meist schon eine Menge versäumt. Auch wenn der Patient eine erfolgreiche Therapie macht, kann er das Versäumte nicht mehr einholen. Damit gilt es sich auszusöhnen.

Eine große Gefahr bei der Konstellation eines depressiv strukturierten Patienten mit einem depressiv strukturierten Therapeuten liegt in einer Kollusion beider, am Ende der Therapie die Bearbeitung des Abschieds auf ein Minimum zu reduzieren. Beiden fällt das Abschiednehmen schwer. Deshalb »einigt« man sich darauf, es kurz zu machen. Damit werden wichtige therapeutische Chancen nicht genutzt. Die Stabilität des Behandlungsergebnisses kann durch eine gründliche Bearbeitung des Abschieds wesentlich gefördert werden.

Der *schizoid strukturierte Therapeut* wird von depressiven Patienten beneidet, weil er autonom wirkt. Er scheint sich selbst zu genügen. Depressiv Strukturierte haben dafür eine sensible Wahrnehmung. Gleichzeitig vermißt der depressiv Strukturierte den gewünschten Ausdruck von Gefühlen. So kommt es zu Beziehungen, wie sie auch sonst zwischen depressiv Strukturierten und schizoid Strukturierten gängig sind: Der depressiv Strukturierte wird abhängig und liebt, der schizoid Strukturierte findet Unabhängigkeit wichtiger als die Beziehung und scheint nicht zu lieben. Dabei kann es zu einem Circulus vitiosus kommen: Der depressiv Strukturierte kämpft um einen Ausdruck von Liebe von seiten des Therapeuten, und der Therapeut zieht sich immer mehr zurück. Der depressiv Strukturierte bricht die Therapie aber nicht ab, solange er die Hoffnung behält, irgendwann einmal geliebt zu werden.

Eine solche Konstellation entsteht vor allem dann, wenn depressiv strukturierte Frauen zu schizoid strukturierten Therapeuten in Behandlung kommen. Depressiv strukturierte Männer brechen die Therapie eher ab, in der Hoffnung, ein anderer Therapeut oder eine andere Therapeutin könnte ihnen das geben, von dem sie glauben, daß es sie heilen wird. Sie bringen weniger Hoffnung, die sich auf *eine* Person richtet, in die Therapie ein. Vermutlich hat das etwas mit polygamen Tendenzen zu tun, für die Evolutionspsychologen Erklärungen finden (vgl. Kapitel »Evolutionspsychologie«, S. 167).

Narzißtisch strukturierte Therapeuten können die »Anhänglichkeit« depressiv strukturierter Patienten genießen und als Beweis eigener Wichtigkeit interpretieren. Tatsächlich hat der Therapeut gerade für depressiv strukturierte Patienten eine große Bedeutung. Das hängt aber wenig von den gesamten Qualitäten seiner Person ab, sondern stellt sich in der Beziehung zu einer Person her, die sich für den Patienten interessiert und sich um ihn »kümmert«.

Wenn ein narzißtisch strukturierter Therapeut von seinen Fähigkeiten viel hält und das dem Patienten vermittelt, ruft das große Hoffnungen hervor, die enttäuscht werden müssen. Deshalb kommt es bei Therapeuten mit einem hohen narzißtischen Strukturanteil oft zu heftigen Enttäuschungsreaktionen der Patienten in der Mittelphase ihrer Therapie. Diese Enttäuschungen haben primär etwas mit der Struktur des Patienten zu tun. Sie hängen aber auch mit den unrealistischen Hoffnungen zusammen, die der Therapeut in ihnen geweckt hat.

Narzißtisch strukturierte Therapeuten können ein gewisses

Charisma haben, das mehr verspricht, als gehalten werden kann. Im Umgang mit depressiv strukturierten Patienten ist Charisma – außer in den Therapieformen, die sich zentral auf Suggestion verlassen – einem guten Ergebnis abträglich, weil es die Hoffnung der in ihrer Initiative gehemmten Patienten nährt, der Therapeut werde ihnen helfen, ohne daß sie selbst aktiv werden müssen. Depressiv Strukturierte haben bekanntlich oft die Vorstellung, durch Liebe allein geheilt werden zu können. Wenn ein charismatischer Mensch sie liebt, muß das, so hoffen sie, besonders wirksam sein.

Die meisten narzißtisch strukturierten Therapeuten lernen es aber, sich in der Beziehung zu depressiv strukturierten Patienten zurückzunehmen und die unvermeidlichen Enttäuschungen des Patienten zu bearbeiten, ohne selbst allzu sehr gekränkt zu werden.

Die übersteigerten Hoffnungen depressiv strukturierter Patienten können selten unmittelbar abgefragt werden, weil sie im Konflikt mit ihrer geringen Selbsteinschätzung stehen und deshalb vorbewußt bleiben. Viele Patienten »können« nicht geliebt werden, dazu sei ein »Wunder nötig«, das sie aber insgeheim erhoffen. Man wird an das arme Sterntalermädchen im Märchen erinnert, das frierend mit nackten Füßen im Schnee steht und sein Hemdchen ausbreitet, um die Sterntaler aufzufangen, die vom Himmel fallen.

Zwanghafte Therapeuten neigen dazu, sich in der Arbeit mit depressiv strukturierten Patienten »schulmäßig« zu verhalten, was ihrem therapeutischen Handeln eine Stabilität verleiht, die sich günstig auswirken kann. Was sie den Patienten an persönlicher Zuwendung geben, wird von ihnen fein dosiert. Es soll nicht zuwenig sein, weil das für den depressiv strukturierten Patienten ungünstig wäre; der Patient darf nicht »verhungern oder verdursten«. Er darf aber auch nicht zuviel bekommen, sonst wird er zu passiv. Tatsächlich ist eine solche schulmäßige Einstellung, die wir von Entwicklungshelfern in Dritte-Welt-Ländern in ihrem Umgang mit der einheimischen Bevölkerung kennen, im Grunde therapeutisch zweckmäßig. Die Hilfe darf aber nicht schematisch gegeben werden. Der Patient fühlt sich sonst nicht gemocht.

Phobisch strukturierte Therapeuten haben Schwierigkeiten, der Therapie eines depressiv strukturierten Patienten den nötigen festen Rahmen zu geben. Was zwanghafte Therapeuten können und oft übertreiben, können phobisch Strukturierte schlecht. Es fällt ihnen auch schwer, gegenüber der Hoffnungslosigkeit vieler depressiv strukturierter Patienten einen Gegenpol der Zuversicht darzustellen; der Zuversicht, daß durch stetige Arbeit eine Besserung in der Therapie erreicht werden kann.

Für solche Therapeuten ist es hilfreich, wenn sie sich an klare technische Empfehlungen halten, die ihnen während der Ausbildung zum Therapeuten vermittelt wurden und die gleichsam die Funktion eines steuernden Objekts haben. Sonst besteht die Gefahr, daß der phobische Therapeut sich in seiner Stimmung und auch in seinen Aktionen der manifesten Hoffnungslosigkeit des Patienten anschließt; oft in der Weise, daß er mit dem Patienten zusammen gegen das Böse in der Welt protestiert.

Phallisch-narzißtische Therapeuten können durch die Herausforderung, die ein depressiv strukturierter Patient für ihr therapeutisches Können bedeutet, angezogen werden. Läuft die Therapie nicht wie erwartet, können sie sich »kastriert« fühlen und das dem Patienten vorwerfen, auch dann, wenn der Patient keine bewußte oder unbewußte kastrierende Absicht hat. Die Qualität der Arbeit solcher Therapeuten hängt, ähnlich wie beim phobischen Therapeuten, stark von der Ausbildung ab. Beurteilen sie die Aussichten einer Therapie realistisch, können sie mit dem Ergebnis zufrieden sein und ihre therapeutische Potenz bestätigt sehen. Das gilt für Therapeuten männlichen Geschlechts, aber auch für männlich identifizierte phallisch-narzißtische Therapeutinnen.

Hysterisch strukturierte Therapeuten vom ödipalen Typ tun sich mit depressiv strukturierten Patienten meist schwer. Hysterisch Strukturierte neigen ja dazu, einem Gesprächspartner ihren Kommunikationsstil aufzuzwingen. Sind sie fröhlich, erwarten sie, daß der andere fröhlich reagiert. Wie Kinder neigen sie wenig dazu, sich auf die Stimmung eines anderen einzustellen. Depressive Stimmungen bewirken, daß sie sich von der depressiven Person zurückziehen und nach anderen suchen, mit denen sie besser »spielen« können.

Hysterische Persönlichkeitsstrukturen kommen noch seltener als andere in reiner Form vor. Meist besteht ein schizoider, narzißtischer oder depressiver Strukturanteil. Hat der überwiegend hysterisch strukturierte Therapeut einen depressiven Strukturanteil, muß er oft gegen diesen Strukturanteil ankämpfen. Er lehnt ihn bei sich und bei anderen ab. Hat er ihn in seiner Selbsterfahrung nicht ausreichend bearbeitet, hält ihm der depressive Patient einen unerwünschten Spiegel vor. Das erzeugt aversive Gefühle, die in der Gegenübertragungsanalyse schwer zu bewältigen sind. Hat der Therapeut den depressiven Strukturanteil aber gut kennengelernt und kann er damit umgehen, erleichtert ihm das die Arbeit mit depressiv strukturierten Patienten.

Therapie bei Zwangsstruktur

Dem zwanghaft Strukturierten sind Macht und Kontrolle wichtig. Der Zwanghafte fürchtet eigene Willkür und die Willkür anderer. Eigene Willkürimpulse werden abgewehrt. Die Willkür anderer wird als bedrohlich empfunden.

Eine Möglichkeit, zu verhindern, daß Chaos im Denken, Fühlen und Handeln entsteht, ist das Unterbrechen von Interaktionsmöglichkeiten. Ähnlich wie ein Lehrer vorgeht, der Kinder, die sich streiten, im Klassenzimmer auseinander setzt, unterbricht der Zwanghafte durch Isolierung aus dem Zusammenhang Zusammenhänge zwischen Denkinhalten. Dadurch werden innere Konflikte verhindert. Kommt es doch zu inneren Konflikten, wirken sie sich weniger auf das Handeln aus, wenn die Affekte fehlen. Der Abwehrmechanismus Isolierung vom Affekt verdrängt die Affekte selektiv.

In einer Hierarchie sind die Machtverhältnisse festgelegt. Dort sucht der Zwanghafte, einen gesicherten Platz einzunehmen. Solange das nicht geschehen ist, kann es Konflikte mit ungewissem Ausgang geben. Der Zwanghafte strebt die Oben-Position an, akzeptiert aber auch die Unten-Position, wenn er den in der Hierarchie über ihm Stehenden anerkennen kann. Das kann er, wenn der sich »richtig« verhält, wobei Gerechtigkeit eine erhebliche Rolle spielt. Es muß alles nach Recht und Ordnung zugehen.

Der Wunsch, Konflikte mit ungewissem Ausgang zu vermeiden, kann mit dem Wunsch konfligieren, der Mächtigere zu sein. Dann entstehen Ambivalenzen. Der Zwanghafte kann sich nicht entscheiden: Planungssicherheit oder Macht. Hat er die Macht, hat er auch Planungssicherheit. Ist aber ungewiß, ob er die Macht erlangen kann, hat er keine Planungssicherheit, und es kann dann sein, daß er sich lieber unterordnet, um diese Sicherheit zu gewinnen.

Die Entscheidungsschwierigkeiten des Zwanghaften resultieren zu einem großen Teil aus der oben erwähnten Anwendung des Abwehrmechanismus: Isolierung aus dem Zusammenhang. Entscheidungsprozesse beinhalten Vergleichsvorgänge. Daß man vergleichen kann, hat aber zur Voraussetzung, daß man imstande ist, nebeneinander zu sehen, was man vergleichen will. Gerade dieses verhindert die Isolierung aus dem Zusammenhang. Der Zwanghafte sieht immer nur das eine oder das andere.

Manche Zwanghafte versuchen, diese Schwierigkeit dadurch zu umgehen, daß sie Listen anfertigen. Sie schreiben auf, was für das eine oder das andere spricht, gewichten die einzelnen Faktoren und rechnen zusammen. Das Ergebnis der Rechnung erleichtert ihnen die Entscheidung. Es kann aber passieren, daß sie unsicher sind, ob sie richtig gewichtet und gerechnet haben.

Charakteristischerweise treten bei Zwanghaften die ärgsten Entscheidungsprobleme dort auf, wo eine objektive Gewichtung schwierig ist; zum Beispiel wenn es um den Kauf von ein Paar Schuhen geht, wo es auf den persönlichen Geschmack ankommt, der schwer zu quantifizieren ist.

Vor einer Therapie

Ob sich ein Mensch mit einer Zwangsstruktur zu einer Therapie entschließt, hängt von der Art der Symptomatik ab. Schwierigkeiten bei der Arbeit und in Partnerbeziehungen führen oft erst spät zu einem Therapiewunsch, weil der Zwanghafte schwer zugeben kann, daß die Schwierigkeiten etwas mit ihm zu tun haben könnten. Er meint, es schon »richtig« zu machen. Es liegt ihm deshalb näher anzunehmen, daß seine Schwierigkeiten etwas mit dem Partner, dem Chef, den betrieblichen Arbeitsbedingungen oder der Gesellschaft zu tun haben.

Zwangssymptome im engeren Sinne ängstigen den Zwanghaften, weil er sie als irrational empfindet und der Zwanghafte sich auf Rationalität verlassen möchte. Ein Zwangsimpuls ist für ihn unverständlich, ja, unsinnig, weil er ohne den Motivationszusammenhang auftritt. Jemand hat den Impuls, einen anderen zu verletzen, und weiß nicht warum, oder er muß kontrollieren, was er schon kontrolliert hat, obwohl er das als unsinnig empfindet. Entsprechendes gilt für den Waschzwang. Man kann sagen, daß eine Zwangssymptomatik im Kontrast zu einer zentralen Form der Lebensbewältigung des Zwanghaften steht, der an sich bemüht ist, rational begründbar zu handeln. So kann ein Zwanghafter fürchten, verrückt zu sein, wenn eine Zwangssymptomatik auftritt. Den Gang zum Therapeuten wird er deshalb fürchten: Er befürchtet, als verrückt diagnostiziert zu werden.

Anrufbeantworter

Mit dem Anrufbeantworter geht der Zwanghafte meist rational um. Er hat nichts dagegen, daß moderne Technik angewandt wird. Eher würde er fürchten, daß ein Therapeut, der keinen Anrufbeantworter hat, nicht auf der Höhe der Zeit ist.

Erstgespräch

Im Erstinterview versucht der Zwanghafte, im Bereich des Rationalen zu bleiben. Er möchte seine Symptome los sein, als Person verändern will er sich nicht. Die Zwangsstruktur ist, wenn man so will, die konservativste Struktur.

Daß Zwanghafte so großen Wert auf Rationalität legen, hängt damit zusammen, daß sie dauernd damit beschäftigt sind, irrationale Impulse abzuwehren. Rationalität wird angestrebt, um Chaos zu vermeiden. Chaos kann auch projiziert werden. So wird ein zwanghafter Patient einen Therapeuten, der in seinem Sprechzimmer weniger Ordnung hält, als der Patient es tun würde, für chaotisch halten.

Zwanghafte haben oft die anal gefärbte Befürchtung, übervorteilt zu werden. Sie fürchten, daß ihnen der Therapeut eine Therapie »verkauft«, die den Aufwand nicht wert ist und die dem Therapeuten mehr bringt als dem Patienten; sei es im Sinne materieller Entlohnung, sei es im Sinne von Machtausübung. Hilfe kann sich der Zwanghafte aber nur im Zusammenhang mit Machtausübung vorstellen. Der Helfende weiß, »wie es sein muß«, und bringt den Patienten dazu, sich so zu verhalten, wie es richtig ist.

Eine weitere Schwierigkeit des Zwanghaften in einer psychoanalytischen Therapie liegt darin, daß er Analogien nicht erkennt. Zwanghafte konzentrieren sich auf Unterschiede, nicht auf Gemeinsamkeiten. Analogien erkennt man durch Vergleiche, bei denen sich Entsprechungen herausstellen.

Stellt ein Therapeut eine Verbindung zwischen dem Erleben des Patienten in der Beziehung zum Vater und seinem Erleben in der Beziehung zum Therapeuten fest und sagt er das, wird der Zwanghafte im Sinne eines: »Ja, aber« an Unterschiede denken und sie eventuell aufzählen. Behält er sie bei sich, leitet er aus ihnen die Berechtigung ab, an der Intervention des Therapeuten zu zweifeln, ohne ihm Gelegenheit zu geben, zu den Zweifeln des Patienten Stellung zu nehmen. Auf Analogien bezogene Deutungen im Erstinterview akzeptieren Zwanghafte oft nicht, oder sie tun es im Bestreben, dem Therapeuten gefällig zu sein – mit einem geheimen Vorbehalt. Letzteres kann über Schwierigkeiten des Patienten, Analogien zu erkennen, hinwegtäuschen.

Anfangsteil der Therapie

Zwanghafte können den Therapeuten durch irrelevante Details ermüden, mit Worten zudecken, von ihnen als irrational Eingeschätztes ablehnen und Analogien, auf die der Therapeut hinweist, nicht akzeptieren. Die Isolierung vom Affekt bewirkt, daß der Patient in der Lage ist, viel über sich zu erkennen, ohne daß sich an seiner Person viel ändert. Er gewinnt nur ein rationales Verständnis. Bei manchen Patienten erweisen sich analytisch orientierte Therapien schon zu Beginn als nicht durchführbar. Solchen Patienten kann oft durch eine Verhaltenstherapie geholfen werden, die dem Patienten als Umlernprozeß angeboten wird.

Mittelteil der Therapie

Die Psychotherapien von zwanghaften Patienten verlaufen langsam und dauern lange. Fast bei allen zwangsstrukturierten Patienten erweist sich die Relation zwischen therapeutischem Aufwand und therapeutischem Fortschritt als wenig günstig. Unter Therapeuten spricht man von einer Sisyphos-Arbeit.

Wichtig ist, mit dem Konfrontieren der Widerstände vorsichtig zu sein, solange keine belastbare Arbeitsbeziehung besteht. Deren Entwicklung wird durch Vorsicht beim Intervenieren gefördert. Entscheidend ist später der Übergang zwischen einem zurückhaltenden Intervenieren und dem Konfrontieren der Widerstände. Hier darf man nicht ungeduldig sein. Das Konfrontieren der Widerstände muß vorsichtig erfolgen und langsam gesteigert werden. Manche zwanghaften Patienten erwarten vom Therapeuten ein besonders aktives Vorgehen. So kann ein Patient sagen, er wünsche, »geknackt« zu werden. Der Patient ahnt seine Widerstände und kann sich nur vorstellen, daß sie mit Gewalt beseitigt werden müssen. Zu frühe Aktivität erhöht aber die Widerstände. So ist Geduld ein wesentliches Erfordernis bei der Behandlung zwanghafter Patienten. Andererseits darf das Konfrontieren der Widerstände nicht unterlassen werden, weil es sonst zu fruchtlosen Therapieverläufen kommt. So befindet sich der Therapeut im Umgang mit zwanghaften Patienten in einer Position zwischen Skylla und Charybdis. Das richtige Maß zu finden ist zwar ein Erfordernis jeglicher Therapie. Bei der Behandlung zwanghafter Patienten erweist es sich aber als besonders schwierig, diesem Erfordernis zu genügen.

Beendigung einer Therapie

Zwanghafte Patienten wollen eine Therapie oft nicht beenden, wenn sie nur ein gutes, aber kein perfektes Ergebnis gebracht hat. Es gibt auch Verzahnungen zwischen Patient und Therapeut, die eine Beendigung verhindern. Beide hoffen auf ein noch besseres Ergebnis, das nur unter disproportional großem Aufwand oder gar nicht erreicht werden kann.

Nach der Therapie

Nach einer Therapie, in der sie ihre Zwangssymptome verloren haben, behalten die Zwanghaften fast immer noch so viel von der zwanghaften Persönlichkeitsstruktur, daß sich das in ihren Beziehungen bemerkbar macht. Daß Zwanghafte schwer auf gleicher Ebene kooperieren können und sich eigentlich nur in Hierarchien wohlfühlen, stört zum Beispiel dann, wenn es um Kooperation auf einer Ebene von gleich zu gleich geht, wie in modernen Ehen. Sie kommen besser mit Beziehungsformen zurecht, die eine eindeutige Arbeitsteilung enthalten. Dann ist jeder für einen bestimmten Bereich »zuständig«.

Der zwanghafte Patient und Therapeuten mit verschiedenen Strukturen

Dem *schizoid strukturierten Therapeuten* hilft sein »Röntgenblick«, der es ihm ermöglicht, eine Abwehr des Patienten intuitiv zu durchschauen. Er hat, wenn ihm das gelingt, direkten emotionalen Zugang zu dem Leiden des Patienten. Allerdings überfordert er den Patienten, wenn er aus der Diagnostik frühzeitig Interventionen ableitet.

Der schizoid strukturierte Therapeut sieht mehr Gemeinsamkeiten als Therapeuten mit einer anderen Struktur. Im Vergleich mit einem zwanghaften Patienten, der wenig Gemeinsamkeiten sieht, stellt der schizoide Therapeut oft einen Gegenpol dar. Das erschwert das Verstehen und die Verständigung.

Ein schizoid strukturierter Therapeut erkennt bei seinen Patienten leichter als andere Therapeuten eine schizoide Grundstruktur, die durch einen zwanghaften Strukturanteil zusammengehalten wird. Wenn er rasch zu ihr vordringen will, kann das zu gefährlichen Konfliktmobilisierungen führen.

Narzißtisch strukturierte Therapeuten werden durch das langsame Tempo der Entwicklung in der Therapie eines zwanghaften Patienten besonders gestört. Sie fühlen sich in ihrer meist zu hoch eingeschätzten Kompetenz in Frage gestellt. Deshalb kommt es nicht selten vor, daß die Therapeuten die Behandlung eines solchen Patienten vorzeitig beenden.

Depressiv strukturierte Therapeuten, die den Patienten durch Beziehung helfen wollen, verzweifeln an der Isolierung vom Affekt, die sie schwer ertragen können und deren Funktion ihnen fremd bleibt.

Therapeuten mit einer phobischen Struktur fühlen sich mit zwanghaften Patienten deshalb nicht wohl, weil sie sich nicht darauf beschränken können, die Arbeit des Patienten zu verfolgen und ihm dabei zu assistieren. Sie wissen meist, daß sich nichts Gutes aus der Therapie ergeben kann, wenn sie die Widerstände nicht ansprechen. Dazu müssen sie aber aktiv werden. Wenn sie das trotz besserem Wissen zu wenig tun, kommt es zu langen, unproduktiven Analysen.

Phallisch-narzißtische Therapeuten fühlen sich durch zwanghafte Patienten impotent gemacht. (Das gilt auch für männlich identifizierte, phallisch-narzißtische Therapeutinnen.) Im Unterschied zu narzißtischen Therapeuten lassen sie sich aber eher auf Auseinandersetzungen ein, was die Therapie in Bewegung bringen kann.

Hysterische Therapeutinnen und Therapeuten vom ödipalen Typ leiden ebenfalls darunter, daß sie den zwanghaften Patienten nicht rasch beeinflussen können. Sie möchten den Patienten »mitreißen«. Manchmal hilft ein spontanes, überaktives Verhalten des hysterisch strukturierten Therapeuten, etwas in Gang zu bringen. Selten ist es aber auf Dauer erfolgreich. Meist erhöht sich der Widerstand. Hysterische Therapeutinnen und Therapeuten vom ödipalen Typ fühlen sich mit zwanghaften Patienten mehr als andere in der Rolle des Sisyphos, der einen Stein den Berg hinaufrollt und dort nicht festhalten kann. Sie neigen kaum zu einer systematischen Bearbeitung der Widerstände. Wenn sie zwanghafte Patienten in Behandlung nehmen, die nicht bummeln oder Termine »vergessen«, sondern verläßlich kommen, kann ihnen dieses Vorhersehbare und Verläßliche gefallen. Es geht ihnen da ähnlich wie in privaten Beziehungen zu zwanghaften Partnern. Im günstigen Falle kann eine produktive Zusammenarbeit entstehen. Oft passiert es aber, daß in einer Dauerbeziehung der Hysterische immer hysterischer und der Zwanghafte immer zwanghafter wird, statt daß sich beide aufeinander zu entwickeln. Das geschieht, weil das Verhalten des anderen nervt und konterkariert werden soll, indem man mehr vom Bisherigen tut.

Therapie bei phobischer Struktur

Da die phobische Struktur weniger geläufig ist als die anderen, mache ich zu ihrer inneren Dynamik und zu ihrer Entstehung ausführlichere Angaben.

Wie die depressive Struktur führt die phobische Struktur zu einer Blockierung der Initiative. Im Unterschied zur depressiven Struktur wird ein Handlungsimpuls erlebt, er ist aber von einem diffusen Angstgefühl begleitet, das den Betreffenden daran hindert, den Impuls in Handeln umzusetzen. Die Angst wird durch den Impuls selbst ausgelöst. Im Unterschied zur depressiven Struktur kann die Blockade der Initiative ganz oder partiell aufgehoben werden, wenn der phobisch Strukturierte durch eine andere Person begleitet wird. Man nennt sie Schutzperson oder, wie von mir (König 1981) vorgeschlagen, äußeres steuerndes Objekt. Damit meine ich Personen, die durch ihre Anwesenheit ein mögliches Willkürverhalten der phobisch Strukturierten einschränken oder verhindern. Wer in Begleitung ist, wird nicht so leicht angesprochen. Kommt es auf der Straße zu Kontakten mit anderen Menschen, könnte der Begleiter verhindern, daß sich aus dem Kontakt Weiteres entwickelt; im Falle einer Provokation könnte er mäßigend wirken. Damit wird die Versuchungssituation Straße entschärft, wo es zu Begegnungen kommen kann, aus denen sich sozial schädigende Handlungen sexueller oder aggressiver Art ergeben.

Begleiter schützen also nicht gegen eine äußere, sondern gegen eine innere Gefahr, im wesentlichen die Gefahr eines sozial schädigenden Handelns. Der *Anlaß* und die *Möglichkeit* für ein solches Handeln kommen von außen. Die Straße stellt eine Versuchungssituation dar. Eine Frau kann sich zum Beispiel ansprechen, ein Mann sich provozieren lassen. Dadurch werden sexuelle beziehungsweise aggressive Wünsche gelockt. Eine neue sexuelle Beziehung kann dann eine bestehende Beziehung gefährden; ein Mann, der sich aggressiven Impulsen überläßt, kann vor Gericht landen.

Das Defizit an innerer Steuerungsmöglichkeit, das die phobische Struktur charakterisiert, entsteht im zweiten und dritten Lebensjahr mit der Entwicklung eigener Handlungsmöglichkeiten; in erster Linie in Form von eigenständiger Fortbewegung. Die Initiativen des kleinen Kindes werden durch die Mutter oder andere Pflegepersonen eingeschränkt, so daß das Kind nicht durch Versuch und Irrtum lernen kann. Tätigkeiten, bei denen die Gefahr besteht, daß etwas kaputtgeht, werden dem Kind nicht zugetraut; das Kind wird daran gehindert, sie auszuführen.

Die zweite Möglichkeit, wie eine phobische Struktur entstehen kann, ist eine mangelnde Begleitung des Kindes bei Lernprozessen. Es werden Entwicklungsschritte von ihm verlangt, die es bei altersgemäßer Unterstützung machen könnte; nicht aber, wenn es allein gelassen wird. Durch diese Art von Überforderung verliert das Kind das Zutrauen zu seinen eigenen Möglichkeiten.

Beide Entstehungsformen der phobischen Struktur bewirken ein mangelndes Zutrauen bezüglich eigener Kompetenzen. Das ist ein zentrales Merkmal dieser Struktur. Handlungen werden nicht unterlassen, weil das Gewissen sie verbietet, wie bei der Zwangsstruktur, weil die Initiative blockiert ist, wie bei der depressiven Struktur, oder weil der Betreffende sich nicht zwischen Handlungsmöglichkeiten entscheiden kann, wie bei der Zwangsstruktur, sondern weil ein Impuls, etwas zu tun, auftritt, aber angst macht. Die phobisch Strukturierten trauen sich oft Tätigkeiten nicht zu, die sie schon mehrmals ausgeführt haben. Die

Selbsteinschätzung richtet sich nicht nach der aktuellen Kompetenz, sondern nach Erfahrungen in der Kindheit.

Menschen mit Agoraphobie spüren keinen Leidensdruck, wenn sie die angstauslösende Situation vermeiden können. Manches ist aber schwer zu vermeiden. Man muß zur Arbeit oder Einkaufen gehen und dazu in der Regel die Straße benutzen. Allerdings gibt es phobisch Strukturierte, die im Auto keine Angst haben (im Auto kann man nicht so leicht angesprochen werden) und deshalb gut zum Arbeitsplatz kommen. Wenn die Vermeidung nicht funktioniert, tritt ein Leidensdruck auf, der den Kranken veranlassen kann, einen Therapeuten aufzusuchen.

Zur phobischen *Struktur* gehört noch keine krankheitswertige Symptomatik; sie kann auftreten, muß es aber nicht. Ähnlich wie bei der depressiven Struktur treten Symptome erst in einer auslösenden Situation auf. Bereits vorhandene Symptome können latent bleiben, wenn sie durch Begleiter kompensiert werden. Patientinnen oder Patienten mit einer Agoraphobie werden oft durch ihre Partner zum Therapeuten begleitet. Sie haben Angst auf der Straße, diese wird aber durch den Begleiter gemindert, so daß sie zum Therapeuten gelangen können.

Die Beziehung zum Begleiter, zum äußeren steuernden Objekt, ist oft problematisch. Der phobisch Strukturierte braucht das steuernde Objekt, fühlt sich auf es angewiesen und möchte mit ihm eine harmonische Beziehung haben, die nicht durch Meinungsverschiedenheiten oder Streit gefährdet wird. Andererseits fühlt er sich durch die Notwendigkeit eingeengt, darauf zu achten, daß der oder die Betreffende zur Verfügung bleibt.

Häufig werden zwanghafte Partner gesucht, die besonders verläßlich wirken, ihre steuernden Funktionen aber von oben herab ausüben. Die Beziehung des phobisch Strukturierten zum steuernden Objekt hat dann oft aggressive Beimengungen, die abgewehrt werden müssen und unbewußt bleiben.

Während die Straße für Agoraphobe eine reale Versuchungssituation bietet, in der Befürchtetes geschehen kann, hat man es bei den Tierphobien mit Verschiebung zu tun. Wie Freuds »kleiner Hans« (1909) verschiebt ein Patient mit einer Tierphobie konflikthafte Beziehungsaspekte von einer Person auf ein Tier oder Tiere; im Falle des kleinen Hans vom Vater auf Pferde. Aber auch hier kann ein Begleiter die Angst mildern: Angst vor aggressiven Reaktionen des Objekts oder vor sexuellen Versuchungen, die von ihm ausgehen. Allerdings ist der Begleiter meist nicht so wirksam wie bei einer Agoraphobie.

Verhaltenstherapeutische Maßnahmen, bei denen ein Patient mit einer Tierphobie sich an den Umgang mit diesem Tier oder an das Gehen auf der Straße gewöhnen soll, werden in Gegenwart eines Therapeuten durchgeführt, der die Funktion eines steuernden Objekts haben kann. Bei manchen Formen der Agoraphobie spielt es eine wesentliche Rolle, daß der Patient sich von einer schutzgebenden Person wegbewegt. Meist hat man es dabei mit unbewußten, angstauslösenden Fortlauftendenzen zu tun. Der Impuls ist, das steuernde Objekt zu verlassen, zum Beispiel wenn es problematische Züge hat, wie schon die Mutter oder eine sonstige Pflegeperson in der frühen Kindheit. Die Angst hat etwas damit zu tun, daß der Betreffende befürchtet, nicht wieder zurückzufinden und ohne das steuernde Objekt verloren zu sein. Bowlby (1975, 1976, 1980) hat alle Agoraphobien auf eine überstarke Bindung an das schutzgebende Objekt erklärt. In diesem Erklärungsmodell fehlt aber der Impulsaspekt. Der Agoraphobe will unbewußt das schutzgebende Objekt verlassen und ohne es auskommen; nicht, wie es im Rahmen einer normalen Entwicklung geschieht, mit ihm in Verbindung bleiben und auch nicht zum »Auftanken« (Mahler 1980) in Abständen zurückkehren.

Vor der Therapie

Wegen der guten Vermeidbarkeit vieler phobischer Symptome kommen Menschen mit einer phobischen Symptomatik, die Krankheitswert hat, oft erst spät in Therapie. Häufig erst dann, wenn es Probleme mit dem Begleiter gibt, der seine Funktion nicht mehr ausüben will oder kann. Im Therapeuten suchen phobisch Strukturierte dann ein verläßlicheres steuerndes Objekt. Eine steuernde Funktion der Therapeuten kann zum Beispiel dadurch in Anspruch genommen werden, daß der Patient ihm regelmäßig über sein Leben außerhalb der Therapie Rechenschaft ablegt.

Viele phobische Symptome bleiben unter der Schwelle klinischer Bedeutsamkeit, so bei den Tierphobien, wenn es vermieden werden kann, in die Nähe des angstauslösenden Tieres zu kommen. Eine Höhenphobie wird nicht manifest, wenn das Besteigen von Bergen oder Türmen vermieden wird. Das Auftreten agoraphober Symptome kann durch einen Begleiter verhindert werden. Es gibt viele Menschen mit einer phobischen Symptomatik, die lange nicht in Psychotherapie kommen. Von Hausärzten oder Internisten wird eine Angstsymptomatik oft jahrelang unter der Diagnose einer vegetativen Dysregulation medikamentös behandelt. Der Patient spricht über die körperlichen Begleiterscheinungen von Angst, und die Behandlung konzentriert sich dann darauf. Viele Agoraphobe kommen erst dann in Behandlung, wenn es zu Unstimmigkeiten in der Beziehung zum »steuernden Objekt« kommt oder die Beziehung zu dieser Person endet.

Der Anrufbeantworter

Phobisch strukturierte Patienten achten sehr auf die Stimme des Psychotherapeuten. Wenn sie Ruhe vermittelt und freundlich klingt, motiviert das solche Patienten, sich zu dem Therapeuten in Behandlung zu begeben. Andererseits wünscht der phobisch Strukturierte, der Therapeut solle für ihn immer direkt zugänglich sein. Deshalb kann es sein, daß ein Patient bei mehreren Therapeuten anruft und dann zu dem geht, den er am Telefon direkt erreicht und dessen Stimme darum beruhigend und freundlich klingt.

Das Erstinterview

Phobisch Strukturierte zeigen im Interview häufig ein charakteristisches Redeverhalten. Sie versuchen nicht, die Situation zu kontrollieren, wie es Zwanghafte tun. Ihr Redefluß ist entweder zögerlich: sie warten darauf, daß der Therapeut sich bestätigend äußert, etwa mit einem »Hm«, oder ihr Redefluß ist kontinuierlich, wobei sie sich gut auf den Therapeuten einstellen. Meist hört der ihnen gerne zu, bis er merkt, daß es ihm schwerfällt, »dazwischen zu kommen«. Der Redefluß dient dazu, Verbindung und gleichzeitig Abstand zu halten. Hier drückt sich eine Ambivalenz in der Beziehung zu äußeren steuernden Objekten aus.

Bei manchen Formen der Phobie gilt Verhaltenstherapie als besonders wirksam. Verhaltenstherapie wirkt gut bei Monophobien, auch bei der Agoraphobie. Die Wirkungsweise der Verhaltenstherapie bei einer Agoraphobie kann man sich psychodynamisch erklären. Zusammen mit einer schutzgebenden Person, die sich weder wie die anklammernde noch wie die distanzierte Mutter verhält, kann der Patient, indem er sich stufenweise und nicht brüsk exponiert, durch Versuch und Irrtum lernen (er geht so lange, bis er Angst empfindet, und bleibt dann stehen) und so steuernde Funktionen integrieren und selbst ausüben lernen. Domäne der psychoanalytisch orientierten Behandlungsverfahren sind in erster Linie die polysymptomatischen Formen und die Kombinationen mit einer Zwangsstruktur oder einer Frühstörung.

Anfang der Behandlung

Für den Beginn der Behandlung ist es wichtig, dem phobisch strukturierten Patienten Hilfen zu geben; weniger, als er erwartet, aber soviel, wie er braucht. Das kann durch bestätigende Äußerungen geschehen, etwa mit einem bestätigenden »Hm« oder indem man sagt: »Sprechen Sie weiter«.

Das passende Maß zu finden, ist nicht immer leicht, weil phobische Patientinnen und Patienten wirksame nonverbale Signale einsetzen, um den Therapeuten dazu zu bringen, soviel an Hilfe zu geben, wie sie selbst zu brauchen meinen.

Der Mittelteil der Behandlung

Im Mittelteil der Behandlung kommt es meist zu Auseinandersetzungen um die Beziehung zum steuernden Objekt. Unbewußte Komponenten dieser Beziehung werden deutlich. Je weniger der phobische Patient ein steuerndes Objekt braucht, desto deutlicher spürt er den Protest gegen seine einengende Wirkung.

Ähnlich wie bei Zwangsneurosen kommt es bei den Phobien oft zu einer Periode willkürlichen Handelns; vor allem dann, wenn der Patient lernt, daß es auch ohne das steuernde Objekt gehen kann, und in eine Euphorie verfällt, in der er seine Steuerungsmöglichkeiten überschätzt und negative soziale Folgen seines Handelns ausblendet. Es kommt dann zu einem Nachholen von kindlichen oder pubertären Verhaltensweisen, der Patient oder die Patientin »spielt Streiche«. Es ist wichtig, das zu verstehen, richtig einzuordnen und klärend damit umzugehen.

Ende der Behandlung

Gegen Ende der Therapie, das sich unter anderem dadurch ankündigt, daß der Patient stolz darauf ist, selbständiger geworden zu sein, und vielerlei ausprobiert, ist darauf zu achten, inwieweit der Therapeut tatsächlich noch als steuerndes Objekt fungiert. Wenn man Rückdelegationen der steuernden Funktionen unterläßt, ist es vorher ersichtlich, daß gegen oder nach Ende der Therapie wieder eine Symptomatik auftritt.

Nach der Behandlung

Bei den meisten Patienten bleibt eine Neigung, sich mit Schutzpersonen zu verbinden, in geringerem Ausmaß bestehen. Sie behalten ihre phobische Struktur, wie das ja auch bei anderen Strukturen selbst nach langen Therapien der Fall ist (König 2001). Phobisch Strukturierte sind gute Zweite, kaum gute Erste. Geraten sie in Leitungspositionen, kann es ihnen aber gelingen, ein Team, das sie führen sollen, zum steuernden Objekt zu machen, indem sie die Mitglieder um Rat fragen. Das wird dann oft als demokratischer Führungsstil gesehen und geschätzt. Meist kommen die phobisch Strukturierten aber doch einmal in Situationen, wo sie allein entscheiden müssen; zum Beispiel, weil keine Zeit für Konsultationen bleibt. Dann ist es wichtig, daß sie Strategien entwickeln, wie sie an steuernde Objekte gelangen können oder wie es möglich ist, diese zu ersetzen. Zum Beispiel phantasieren phobisch Strukturierte Situationen voraus, in denen sie allein auf sich angewiesen sind, und überlegen, oft zusammen mit anderen, was in einer solchen Situation am besten zu tun wäre. Die anderen sind dann in der Entscheidungssituation als virtuelle steuernde Objekte präsent.

Der phobisch strukturierte Patient und Therapeuten mit verschiedenen Strukturen

Bei einem *phobisch strukturierten Therapeuten* kann sich dessen allgemeine Ängstlichkeit mit der des Patienten verbinden. Er gibt dem Patienten mehr Anleitung als nötig und wird stärker als andere Therapeuten beunruhigt, wenn der Patient anfängt, außerhalb der therapeutischen Situation zu experimentieren.

Es gibt aber auch phobisch strukturierte Therapeuten, die sich *kontraphobisch* verhalten. In eigener Therapie haben sie viel von ihrer Ängstlichkeit verloren, aber noch nicht genug. Im Grunde bleiben sie ängstlicher, als sie es wünschen. Dieser Rest an Ängstlichkeit wird durch ein besonders »forsches« Vorgehen kompensiert. Dann trauen sie dem Patienten zuviel zu und ermuntern ihn zu Experimenten, denen er noch nicht gewachsen ist.

Schizoid strukturierte Therapeuten blicken durch die ängstliche Vermeidung des Patienten hindurch und sehen seine realen Kompetenzen, die dem Patienten aber nicht zur Verfügung stehen. Es besteht die Gefahr, daß sie phobische Patienten überfordern. Bei phobischen Patienten ist eine stufenweise Mehrbelastung wichtig. Dazu muß man sich nicht nur an dem orientieren, was beim Patienten in der Tiefe liegt, sondern an oberflächlicher liegenden Ängsten und seinen Fehleinschätzungen der eigenen Kompetenz arbeiten. Interessiert sich ein schizoid strukturierter Therapeut zuwenig für die Oberfläche des Patienten oder kann er sie nicht ausreichend wahrnehmen, weil er durch sie hindurch in tiefere Schichten blickt, fällt es ihm schwer, den Patienten adäquat zu belasten.

Narzißtisch strukturierte Therapeuten können gekränkt sein, wenn der Patient Rückschläge erlebt. Es ist immer ungünstig, wenn ein Therapeut das seinen Patienten spüren läßt. Besonders ungünstig wirkt das aber bei phobischen Patienten, die distanzierte Mütter hatten. Solche Mütter erwarten ja Entwicklungsfortschritte, die ohne entsprechende Begleitung und Förderung nicht erreichbar sind, und reagieren oft gekränkt, wenn das Kind sich nicht so entwickelt, wie wenn es gefördert worden wäre. Das kann zum Beispiel bei Müttern der Fall sein, die berufstätig sind und denen es wichtig ist, daß ihr Kind keine Entwicklungsrückstände zeigt, welche aber eintreten, wenn die Berufsarbeit ihnen nicht genug Zeit für den Umgang mit dem Kind läßt und sonst niemand da ist, der die Aufgabe übernimmt. Gekränktes Verhalten der Therapeuten reproduziert ein Verhalten der Mutter.

Depressiv strukturierte Therapeuten bieten Beziehung an, wo dosierte Hilfen notwendig wären. Will der phobische Patient den

Therapeuten als steuerndes Objekt und sendet er entsprechende Signale aus, haben sie die Tendenz, mehr für den Patienten zu tun, als der wirklich braucht; jedenfalls mehr, als seiner Entwicklung förderlich wäre. Sie neigen zu einer die Aktivität des Patienten hemmenden Überfürsorglichkeit, weil sie befürchten, den Patienten zu stark zu strapazieren.

Zwanghaft strukturierte Therapeuten können die Rolle des dosiert Helfenden meist gut ausfüllen. Sie neigen aber dazu, ihre steuernde Rolle zu kontrollierend auszuüben. Damit rufen sie beim phobisch strukturierten Patienten einen Protest hervor, der lange Zeit unerkannt bleiben kann, weil der Therapeut ja davon ausgeht, daß er für den Patienten nur das Beste will.

Hysterisch strukturierte Therapeuten vom phallisch-narzißtischen Typ haben bezüglich der Fortschritte des Patienten oft zuviel Ehrgeiz, was zur Überforderung führen kann. Die Auswirkung ist dann ähnlich wie bei den distanzierten Müttern: Es kommt zur Resignation des Patienten, der die Erwartungen des Therapeuten nicht erfüllen kann.

Hysterisch strukturierte Therapeuten vom ödipalen Typ neigen ebenfalls zur Ungeduld, wenn auch in anderer Form. Während hysterisch strukturierte Therapeuten vom phallisch-narzißtischen Typ langfristige Strategien anlegen können, die ein strukturiertes und stufenweises Vorgehen beinhalten, aber auf einem zu hohen Niveau, neigen hysterisch strukturierte Therapeuten vom ödipalen Typ dazu, mit Interventionen herauszuplatzen. Sie konzentrieren sich auf den Augenblick, ihr therapeutisches Vorgehen ist nicht in eine längerfristige Strategie eingebunden. Wenn sie, was häufig der Fall ist, dazu neigen, das eigene »temperamentvolle« Verhalten als optimal zu betrachten, zwingen sie dem Patienten einen Interaktionsstil auf, der seiner vorsichtigen und sichernden Art nicht entspricht. Sie merken oft kaum, wenn der Patient aversiv reagiert, weil phobische Patienten, zumindest zu Beginn und oft auch noch im Mittelteil der Behandlung, in besonderem Maße auf Harmonie bedacht sind. Sie wollen ja das steuernde Objekt Therapeut nicht vergraulen.

Es kann dann sein, daß der Patient noch ängstlicher wird, als er zu Beginn der Therapie war.

Therapie bei hysterischer Struktur – phallisch-narzißtisch und ödipal

Die phallisch-narzißtische Struktur wird oft der hysterischen zugerechnet. Bei der phallisch-narzißtischen Struktur geht es um die Zeit, in der Kinder sich der Geschlechtsunterschiede inne werden. Es geht ihnen darum, was sie haben oder nicht haben; ein Kind vergleicht sich mit anderen Kindern. Bei der hysterischen Struktur vom ödipalen Typ geht es um eine Auseinandersetzung mit Erwachsenen. In der ödipalen Auseinandersetzung geht es ja darum, ob der gegengeschlechtliche Elternteil (im negativen Ödipuskomplex: der gleichgeschlechtliche Elternteil) ein Kind wie einen Partner akzeptiert und ob es dem Kind gelingt, den gleichgeschlechtlichen Elternteil (im negativen Ödipuskomplex: den gegengeschlechtlichen) in der Liebe des gewünschten Elternteils zu besiegen und zu verdrängen, oder ob das Kind in der ödipalen Auseinandersetzung unterliegt.

So geht es bei der phallisch-narzißtischen Struktur primär um Rivalität auf einer gleichen Ebene; bei der hysterischen Struktur vom ödipalen Typ um Rivalität mit Erwachsenen. Hier kann ein Kind tatsächlich Sieger sein, zumindest in Teilaspekten. Kinder sind oft gefühlshafter und charmanter und dadurch attraktiver als der erwachsene Partner eines Elternteils.

Dennoch ist es für das Kind eine Illusion zu glauben, es könnte den Platz eines Erwachsenen in allem einnehmen. Das Kind verfügt ja noch nicht über die erwachsenen Möglichkeiten, was Arbeit und Stellung in der Gesellschaft und was erwachsene Sexualität angeht. Wird das Kind auf der Ebene der Sexualität »akzeptiert«, indem ein Elternteil die Inzestschranke überschreitet, wird es mit Erwachsenen-Sexualität konfrontiert, die auf ein Kind traumatische Auswirkungen hat.

In der phallisch-narzißtischen Phase geht es auch darum, ob die Eltern *einen Jungen* oder *ein Mädchen* lieber haben. Hier geht es zwar um die Beziehung zu Vater und Mutter, die Rivalität besteht aber zwischen Kindern verschiedenen Geschlechts.

Natürlich wirkt sich eine ungelöste Problematik der phallisch-narzißtischen Phase auf den weiteren Verlauf der ödipalen Entwicklung aus. Wenn es sich der eigenen Geschlechtseigenschaften unsicher ist – es kommt zu Vergleichen mit Kindern des anderen Geschlechts, aber auch mit Kindern des eigenen Geschlechts im Bereich der sozial erwarteten Geschlechtseigenschaften –, wird das Kind in der ödipalen Auseinandersetzung sehr unsicher sein. Ist es seiner Geschlechtseigenschaften sicher, kann es mit mehr Zuversicht in die ödipale Auseinandersetzung gehen.

Im Unterschied zu den ursprünglichen Auffassungen von Freud ist in der phallisch-narzißtischen Phase nicht nur der anatomische Geschlechtsunterschied wichtig. Es geht auch um Fähigkeiten, die in einer Gesellschaft als geschlechtstypisch angesehen werden. So kann sich motorisches Geschick bei Jungen im Fußballspielen äußern, bei Mädchen im Tanzen. Tatsächlich fahren moderne Mütter ihre Söhne eher zum Sportverein, ihre Töchter zum Ballett. Im Sportverein und beim Ballett geht es dann wieder um eine Konkurrenz mit Gleichaltrigen.

Ein Mann, der in der *ödipalen Auseinandersetzung* mit dem Vater Sieger war, kann in der Illusion leben, es komme im Leben darauf an, von Frauen vorgezogen zu werden, so wie er von der Mutter dem Vater vorgezogen wurde, und dabei übersehen, daß jetzt andere Kriterien gelten. Gewonnen hat er als Kind. Von einem Erwachsenen als Partner erwartet eine erwachsene Frau aber andere Eigenschaften; zum Beispiel berufliche Kompetenz, Durchsetzungskraft gegenüber Gleichaltrigen und die Fähigkeit, soziales Ansehen zu erlangen; nicht »kindlichen Charme« und »kindliche Lebhaftigkeit«.

Für den hysterisch strukturierten Mann *vom ödipalen Typ* sind Frauen, die schon Partner haben, besonders attraktiv; hier wiederholt sich die ödipale Situation. Entsprechend sind für Frauen Männer attraktiv, die schon Partnerinnen haben. Bezüglich des Alters gibt es zwischen Männern und Frauen Unterschiede. Für hysterisch strukturierte Frauen sind auch wesentlich ältere Männer attraktiv. Für Männer hat die Attraktivität von Frauen bezüglich deren Alter eine frühere Grenze. Das dürfte damit zusammenhängen, daß Männer bis in ein höheres Alter fertil bleiben, Frauen nicht. Hier spielt der biologische Sinn männlicher und weiblicher Attraktivität eine Rolle. Die Fertilität bleibt bei Männern, evolutionsbiologisch gesehen, deshalb länger erhalten, weil die Rolle des Mannes bei der Reproduktion bezüglich seiner körperlichen Fitneß geringere Ansprüche stellt als die Rolle der Frau, die nicht nur das Sperma in sich aufnehmen, sondern auch das Kind austragen und zur Welt bringen muß.

Viele hysterisch strukturierte Erwachsene vom ödipalen Typ haben einiges von ihrer Kindlichkeit behalten, in der sie in der ödipalen Entwicklungsphase erfolgreich waren. Vorwiegend *phallisch-narzißtisch Strukturierte* akzentuieren die von der Gesellschaft von einem Erwachsenen erwarteten Geschlechtseigenschaften. So kann sich ein Mann als Superman im Sinne des Macho verhalten oder sich charmant geben, wenn das gefragt ist. Entsprechendes gilt für Frauen. Sie geben sich ganz cool, wenn das in einer bestimmten gesellschaftlichen Gruppierung von einer attraktiven Frau erwartet wird. Wenn das nicht der Fall ist, verhalten sie sich eher entsprechend dem traditionellen weiblichen Stereotyp.

Vor einer Therapie

Hysterisch Strukturierte vom ödipalen Typ sind für langdauernde Therapien schwer zu haben. Zu ihren Persönlichkeitsmerkmalen gehört ein Mangel an Durchhaltevermögen. Hysterisch Strukturierte vom phallisch-narzißtischen Typ können viel Durchhaltevermögen an den Tag legen. Mangelndes Durchhaltevermögen findet sich besonders ausgeprägt bei solchen hysterisch Strukturierten, die ausgesprochen kindliche Charakterzüge behalten haben. Wie Kinder sind sie leicht abgelenkt. Neues fasziniert sie. Sie mögen lieber Neues entdecken als Bekanntes bearbeiten. Ähnlich wie Kinder arbeiten sie kaum für zeitlich weitgesteckte Ziele. Sie planen kurzfristig, allenfalls mittelfristig. In der Erwartung so strukturierter Frauen ist ein Therapeut oft ein Mann, der sie gleichsam mit einem Zauberstab berührt und »heile« macht.

Phallisch-narzißtisch strukturierte Männer erwarten von männlichen Therapeuten eine Zufuhr von Kraft. Der Therapeut soll sie stark machen. Dieser Wunsch erinnert an alexandrinische Tempelriten und an Initiationsriten bei sogenannten primitiven Völkern. Dort geht es an die Einverleibung der Kraft erwachsener Männer. Das Sperma eines Mannes, oft eines Priesters, wird einverleibt.

Phallisch-narzißtische Männer und ebenso phallisch-narzißtische Frauen, die überwiegend mit dem Vater identifiziert sind, neigen dazu, in Beziehungen zu Männern vorwiegend den Rivalitätsaspekt zu sehen. Sie möchten den Therapeuten auf gleicher Ebene haben, um sich dort mit ihm auseinanderzusetzen. Sie möchten auch lieber gegenübersitzen als auf der Couch liegen.

Von weiblichen Therapeuten erwarten Männer wie Frauen etwas präödipal Mütterliches; von männlichen Therapeuten wird eher etwas ödipal Väterliches erwartet. Phallisch-narzißtische Frauen befürchten, daß die Therapeutin mit ihnen konkurrieren will und sie abwertet, um Sieger zu sein. Sie nehmen den Kampf aber meist auf.

Der Anrufbeantworter

Im Umgang mit dem Anrufbeantworter sind phallisch-narzißtische Männer und Frauen meist sachlich, hysterisch Strukturierte vom ödipalen Typ eher chaotisch. So hinterlassen sie keine Telefonnummer oder sprechen die Nummer so schnell auf das Band oder den Chip, daß der Therapeut mehrmals abhören muß, um sie aufzuschreiben. Hysterisch Strukturierte im engeren Sinne können ungeduldig werden, wenn sie nicht gleich mit dem Therapeuten in Kontakt kommen. Manche erzählen später, daß sie den Eindruck hatten, der Therapeut verstecke sich hinter dem Anrufbeantworter – auch wenn sie wissen oder sich denken können, daß es darum geht, in einer therapeutischen Praxis ohne Personal Störungen während der Therapiestunden zu vermeiden. Hier passiert Ähnliches wie im privaten Leben: Der hysterisch Strukturierte vom ödipalen Typ erwartet einen Kommunikationsstil, der seinem gleicht. Es soll spontan, direkt und schnell zugehen.

Das Erstinterview

Im Erstinterview wird deutlich, daß es dem Patienten zunächst weniger um Hilfe, sondern mehr um die Art der Beziehung geht. Das hat Vorteile und Nachteile. Der Vorteil ist, daß man gut an der Beziehung arbeiten kann. Eine psychoanalytische Therapie, die das Feld ihrer Wirksamkeit in der Arbeit an der Übertragung oder »in« der Übertragung (Körner 1989) sieht, findet das Interesse des Patienten, für den es schon bisher immer darum gegangen ist, sich in Beziehungen zu positionieren. Allerdings möchte der hysterisch Strukturierte von dem Wunsch, die Beziehung nach seinen Vorstellungen zu gestalten, nicht abgehen. Das schränkt die Möglichkeiten ein, den Therapeuten oder die Therapeutin als hilfreichen Arbeitspartner zu sehen und zu nutzen.

Hier ist ein Vergleich mit dem zwanghaft Strukturierten erhellend. Dem zwanghaft Strukturierten geht es um Macht. Dem hysterisch Strukturierten geht es darum, wer in einer Beziehung mehr Geltung hat. Oben oder Unten ist nur insoweit interessant, als mit »Oben« Ansehen verknüpft ist. In diesem Zusammenhang ist es wichtig zu bedenken, wie sehr es in der phallisch-narzißtischen und in der ödipalen Phase der Entwicklung um Geltung geht. Jungen und Mädchen vergleichen sich bezüglich ihrer Geschlechtseigenschaften. Dabei geht es darum, was mehr gilt. Die phallisch-narzißtische wie die ödipale Entwicklungsphase sind stark auf gesellschaftliche Wertvorstellungen bezogen.

Bei der Indikationsstellung geht es vor allem darum, wie groß der Frühstörungsanteil ist. Borderline-Strukturen können sich, wenn ein hysterischer Strukturanteil vorhanden ist, so maskieren, daß sie als im wesentlichen hysterisch verkannt werden können. Zetzel (1956) unterschied zwischen »good and bad hysterics«, wobei die Qualifikation sich auf die Behandelbarkeit bezieht. Die ist heute auch bei den »bad hysterics« gegeben, man wird die Behandlung aber anders ansetzen müssen.

Bei einer hysterischen Struktur ist auch zu beachten, welche Erfahrungen mit weiblichen und männlichen Beziehungspersonen erinnert werden und welche vielleicht verdrängt sind. Sie können aus dem Unbewußten heraus wirken. Bei hysterisch Strukturierten beginnt die Erinnerung oft mit dem ersten Schultag, bei manchen noch später.

Etabliert eine hysterisch strukturierte Frau, die von nur schlechten Erfahrungen mit dem Vater berichtet, schon in der ersten Sitzung eine gute Arbeitsbeziehung mit dem Therapeuten, kann man vermuten, daß eine gelebte Phase guter Beziehung zum Vater von einer negativ gefärbten Phase abgelöst wurde. Die gute Phase wurde dann verdrängt, weil sie zu den späteren Erfahrungen nicht paßte, was eine kognitive Dissonanz (Festinger 1978) hervorrief.

Es gibt aber noch andere Möglichkeiten. So kann eine Frau mit anderen Männern, zum Beispiel einem Lehrer oder einem Großvater, gute Erfahrungen gemacht haben. Wenn eine Frau, die nur von negativen Erfahrungen mit Männern berichtet, gleichzeitig zu verstehen gibt, sie hoffe, doch einem »guten« Mann zu begegnen, und sich bereit erklärt, die Therapie mit einem männlichen Therapeuten zu beginnen, überträgt sie auf ihn vielleicht ein erlebtes oder phantasiertes Gegenbild zum erlebten Vater, das sie motiviert, eine therapeutische Beziehung zu einem Mann zu beginnen – in die sie eventuell unrealistische Erwartungen einbringt.

Beginn der Behandlung

Während der ganzen Therapie, besonders aber zu ihrem Beginn, geht es bei phallisch-narzißtisch und hysterisch strukturierten Patienten um Geschätzt- und Anerkanntwerden, um Für-voll-genommen-Werden, in der ödipalen Auseinandersetzung auch um Ernstgenommenwerden als Partner. Das hängt mit dem Vergleich der Geschlechtseigenschaften unter Geschwistern in der phallisch-narzißtischen Entwicklungsphase und mit den Eltern in der ödipalen Phase zusammen. Da hier ein gut Teil der Problematik solcher Patienten liegt, macht es Sinn, daran zu arbeiten.

Dabei ist zu bedenken, daß es beim phallisch-narzißtischen Patienten (wie auch bei der phallisch-narzißtischen Patientin) darum geht, Lebensziele breiter zu fassen, die Kriterien, nach denen der Patient sich selbst beurteilt, zu ergänzen und die fast immer vorhandene Tendenz, das andere Geschlecht abzuwerten, zu mildern.

Bei der hysterischen Struktur vom ödipalen Typ ist es ein Ziel, den Unterschied zwischen den Beurteilungskriterien für Kinder und für Erwachsene deutlich und akzeptabel zu machen und Unterschiede zwischen dem Vater oder der Mutter und einem gewünschtem Partner oder einer gewünschten Partnerin herauszuarbeiten.

Die Mittelphase einer Therapie

Auch im Mittelteil der Therapie spielt die Geschlechterkombination eine wesentliche Rolle. In der psychoanalytischen Literatur finden sich keine überzeugenden Berichte über ödipale Liebesübertragungen, bei denen das Geschlecht nicht stimmt. Im Unterschied zu den präödipalen Übertragungen, wo sich eine Mutterübertragung auf einen männlichen Therapeuten und eine Vaterübertragung auf eine Therapeutin entwickeln können, ist die Entwicklung einer positiv ödipalen wie negativ ödipalen Übertragungsliebe an das Geschlecht des Therapeuten gebunden.

Wie bei anderen Übertragungsformen ist Liebesübertragung ja die Wiederholung eines Beziehungswunsches. Bei präödipalen Übertragungen können Wünsche nach Kommunikation ohne Grenzen, nach Bewunderung, nach Versorgung, nach Dominanz oder Unterwerfung oder nach Steuerung, die mit Vater oder Mutter erlebt wurden, in der Beziehung zu Therapeuten beiderlei Geschlechts wiederholt werden. Auch im Alltag können diese Modi der Beziehung von Menschen beiderlei Geschlechts erwartet werden. Man kann sich aber nicht in eine Frau verlieben wie in einen Mann oder in einen Mann wie in eine Frau.

Natürlich können die präödipalen Übertragungsformen auch bei hysterischen Persönlichkeiten eine Rolle spielen, wenn Regression die Disposition dazu aktiviert. Außerdem sind hysterische Strukturen, die als letzte entstehen, noch häufiger als die anderen Strukturen mit weiteren Strukturanteilen gemischt. Wenn ein depressiver Strukturanteil vorliegt, kann eine Übertragung, die auf Versorgung gerichtet ist, aus den entsprechenden Fixierungen heraus auch ohne Regression entstehen.

Die ödipale Liebe von Männern und Frauen richtet sich im allgemeinen auf Frauen und Männer im fortpflanzungsfähigen Alter. Deshalb spielt das Alter der Therapeutin oder des Therapeuten eine wesentliche Rolle. Auf sehr alte Männer richten sich eher Großvaterübertragungen, auf ältere, die noch im fortpflanzungsfähigen Alter sind, eher Vaterübertragungen. Auf Frauen jenseits der Menopause sind erotisch gefärbte Übertragungen weniger zu erwarten. Bezüglich des Alters ist auch zu beachten, daß der leibliche Vater und die leibliche Mutter während der ödipalen Entwicklungsphase eines Patienten oder einer Patientin im fortpflanzungsfähigen Alter waren.

Daß sich ödipale Liebesübertragungen auf Therapeutinnen seltener entwickeln als auf Therapeuten, ist aber nicht allein auf die Tatsache zurückzuführen, daß viele Analytikerinnen das fortpflanzungsfähige Alter überschritten haben. Man beobachtet auch bei jungen Analytikerinnen, daß Männer von ihnen überwiegend eine präödipal-mütterliche Einstellung erwarten und entsprechende Übertragungen entwickeln. Junker-Tress (persönliche Mitteilung) meint, daß es Männern schwerfällt, sich »nach oben« zu verlieben. Ein Patient befindet sich der Analytikerin gegenüber in einer schwachen, hilfesuchenden Lage und neigt schon daher dazu, die Therapeutin weniger als potentielle Partnerin denn als präödipal helfende Mutterfigur zu sehen. Auch die Übertragungen aus der negativ ödipalen Konstellation entwickeln sich aus dieser Position heraus. Die Situation des Patienten beeinflußt so die Übertragungswünsche, denen die wahrgenommenen Übertragungsauslöser entsprechen müssen. Aus einer asymmetrischen Beziehung zwischen Patient oder Patientin und Therapeut oder Therapeutin ergeben sich ohnehin schon Übertragungsauslöser, die zu präödipalen Wünschen passen. Übertragungsauslöser, die sexuelle Wünsche aktivieren und damit auch eine ödipale Liebesübertragung auslösen könnten, werden im Vergleich oft weniger stark wahrgenommen.

Die ödipale Beziehung ist als Dreiecksbeziehung auch dann zu denken, wenn der »Dritte im Bunde« nicht persönlich anwesend ist. In der Beziehung zu einem männlichen Therapeuten wird der Patient oder die Patientin eine ödipale Vaterübertragung entwickeln können, während die Übertragung, die dem »Dritten«

gilt, meist auf Personen außerhalb der therapeutischen Dyade verschoben wird. Dabei kann es sich um Menschen handeln, mit denen der Patient oder die Patientin real umgeht, wie der eigene Partner oder die eigene Partnerin, befreundete Personen, Arbeitskolleginnen oder Arbeitskollegen, oder es kann sich um Personen des öffentlichen Lebens handeln, die der Patient aus den Medien kennt.

Der Therapeut, auf den sich eine Vaterübertragung entwickelt hat, ermöglicht es der Patientin, die Wünsche an den Vater zu erleben und deren Einflüsse auf die Partnerbeziehungen außerhalb der therapeutischen Dyade zu erkennen. Was sich nicht entwikkeln kann, ist eine Beziehungsform, in der die Patientin, aus einer Identifizierung mit dem Vater heraus, einen Partner wünscht, der Eigenschaften hat, mit denen sie dem Vater während ihrer ödipalen Entwicklungsphase gefallen konnte. Die Männer, mit denen solche Frauen in Partnerschaften leben, entsprechen diesem Wunsch in der Regel mehr als dem Wunsch, eine Beziehung wie zu einem Vater zu haben (letzteres wird oft durch das Inzesttabu verhindert). Wegen der Asymmetrie einer jeden therapeutischen Beziehung, die verhindert, daß der Therapeut in die Rolle der Tochter gerät, kann die Problematik einer Beziehung zum Partner *in der ödipalen Rolle der Patientin* meist nicht in der Beziehung zum Therapeuten bearbeitet werden. Das erklärt meines Erachtens die unbefriedigenden Erfolge vieler Therapien hysterisch strukturierter Frauen.

Eine hysterische Strukturentwicklung beginnt bei Frauen in aller Regel mit einer Enttäuschung an der Mutter; beim Vater wird das gesucht, was die Mutter nicht geben konnte oder wollte. Um das in der Übertragung zu bearbeiten, wäre es günstig, wenn hysterisch strukturierte Frauen zu Frauen in Therapie gingen. Gerade aus den negativen Erfahrungen mit der Mutter resultiert aber, daß sie sich lieber an einen männlichen Therapeuten wenden, von dem sie sich mehr erhoffen und weniger befürchten.

Männer, die bei Frauen Anerkennung und Bewunderung suchen, wie sie ihnen die Mutter gegeben hat, oft bei gleichzeitiger Abwertung des Vaters, gehen zu Frauen oder zu Männern in Therapie. Von den Frauen erwarten sie mehr vom gleichen. Sind sie dem Vater in der ödipalen Auseinandersetzung erlegen, ohne das akzeptieren zu können, suchen sie vielleicht die Auseinandersetzung mit einem männlichen Therapeuten. Die kann gleich zu Beginn einer Therapie stattfinden, aber auch später. Letzteres dann, wenn sie vom Therapeuten erst einmal erwarten, daß er ihnen Kraft gibt. Fühlen sie sich stark genug, können sie dann eine Auseinandersetzung mit dem Therapeuten beginnen.

Bei der Bearbeitung einer jeden ödipalen Thematik sind also die Einflüsse der Geschlechtszugehörigkeit von Patient und Therapeut zu beachten. Zu beachten ist auch, daß eine Dreiersituation in einer Zweierbeziehung bearbeitet werden soll. Verschiebungen der Übertragungen auf den »Dritten im Bunde« können zu Komplikationen im Leben des Patienten führen, wenn sie nicht rechtzeitig erkannt und bearbeitet werden.

Natürlich spielen Dreierbeziehungen, wie man heute weiß, schon in der präödipalen Phase eine Rolle. Die Triangulierung, meist durch den Vater bewirkt, stellt eine Dreiersituation her, vor der eine Zweiersituation zwischen Mutter und Kind bestanden hat. In der Schillerschen Ballade »Die Bürgschaft« heißt es: »Ich sei, gewährt mir die Bitte, in Eurem Bunde der Dritte.« In der präödipalen Entwicklungsphase des Kindes ist der Vater in der bittenden Position. Er möchte für die Mutter des Kindes wieder wichtig werden. Das Kind kann er als Rivalen empfinden. In der Regel will er es aber nicht verlieren. Insoweit hat man hier in anderer Rollenverteilung eine ähnliche Situation wie in der ödipalen Entwicklungsphase. Dort will ein *Kind* das gleichgeschlechtliche Elternteil beim gegengeschlechtlichen verdrängen, ohne es zu verlieren. Der positive Ödipuskomplex und der negative Ödipuskomplex wirken hierbei zusammen. Zwischen dem Wunsch, den Vater bei der Mutter oder die Mutter bei dem Vater zu verdrängen, und dem Wunsch, beide zu behalten, gibt es einen Konflikt.

Man könnte sagen, daß das Kind am Ende der ödipalen Phase der »Dritte im Bunde« ist, wenn die ödipalen Konflikte gut bewältigt wurden. Bleibt das Kind auf die Zweierbeziehung fixiert, weil es dem Vater nicht gelingt, eine Dreierbeziehung herzustellen, kann das Kind in der ödipalen Entwicklungsphase nicht zur Position des »Dritten im Bunde« gelangen. Es bleibt an einen Elternteil fixiert und lehnt den anderen Elternteil ab. Das trägt zur Brisanz der ödipalen Entwicklung bei Frühstörungen bei, wie sie von Rohde-Dachser (1981) beschrieben wurde. Die präödipale Triangulierungsproblematik sollte in der Therapie dann Vorrang haben.

Die Endphase einer Therapie

Ist die Therapie gut verlaufen, macht der Abschied vom Therapeuten wenig Schwierigkeiten. Die Patientinnen und Patienten sind stolz auf das Erreichte; oft auch dankbar, weil die Einschränkungen des Lebensglücks durch eine hysterische Struktur besonders offensichtlich sind und dem Patienten der Unterschied bei einem Therapieerfolg greifbar deutlich wird. Oft bleibt das therapeutische Ergebnis aber unvollständig. Dann wurde nur ein Teilerfolg erreicht, der von den Patienten oft als ganzer Erfolg gewertet wird.

Nach der Therapie

Nach einer als erfolgreich eingeschätzten Therapie lassen hysterisch Strukturierte beiderlei Typs den Therapeuten gerne wissen, wie es ihnen geht und was sie erreichen. Zum Beispiel schicken hysterisch strukturierte Frauen Geburtsanzeigen mit Fotos ihrer neugeborenen Kinder, und Männer, die beruflich erfolgreicher werden, lassen dem Therapeuten Informationen über Erfolge zukommen; gelegentlich ist es auch umgekehrt.

Therapeuten verschiedener Strukturen und der hysterisch strukturierte Patient

Wie oben ausgeführt, macht es bei der hysterischen Struktur beiderlei Typs erhebliche Unterschiede, welche *Geschlechterkombination* gewählt wird. Bei der Kombination Patientin und männlicher Therapeut, die wegen des Überwiegens der Frauen als Patienten und auch der Wahltendenzen hysterisch strukturierter Frauen die häufigste ist, sind die Voraussetzungen günstig, um Probleme zwischen Tochter und Vater aus der Perspektive der Tochter in der töchterlichen Beziehung zum Vater zu bearbeiten. Es fehlt aber die Auseinandersetzung mit den Partnerwahlen einer mit dem Vater identifizierten Patientin aus der Perspektive des Vaters. Auch fällt es der Patientin leichter, eine Übertragung mit der präödipalen Mutter zu vermeiden, weil der Therapeut eben sehr als Mann gesehen wird. Das ist problematisch, weil oft erst die Enttäuschung an der präödipalen Mutter eine intensive Hinwendung zum Vater auslöst. Diese Enttäuschung kann dann unbearbeitet bleiben.

Natürlich kann der Vater auf das ödipale Spiel mehr oder weniger intensiv eingehen. Ist er von seiner Partnerin enttäuscht, wendet er sich vielleicht mehr der Tochter zu. Von seiten der Patientin erfolgt die Zuwendung zum Vater und von seiten des Vaters die zur Tochter oft aus analogen Gründen. Beide sind an der Mutter enttäuscht. Vielleicht zeigt die Mutter wenig Gefühle. Die vermißt dann die Tochter an ihrer Mutter und der Vater an seiner Partnerin.

In einer Therapie besteht die Gefahr, daß die Patientin ihre Enttäuschung an der Mutter auf eine Person außerhalb der therapeutischen Situation verschiebt, auf ihren Chef oder ihren Mann oder Freund. Wird eine solche Verschiebung nicht erkannt, kann es zu Schwierigkeiten am Arbeitsplatz beziehungsweise in der Partnerschaft kommen. Darauf hat Rohde-Dachser (1981) hingewiesen.

Wie oben schon erwähnt, werden Frauen von hysterisch strukturierten Patientinnen selten aufgesucht, weil hysterisch strukturierte Frauen beiderlei Typs ihren Geschlechtsgenossinnen gegenüber mißtrauisch sind und mehr von Männern halten. Zu einer Therapeutin gehen hysterisch strukturierte Frauen nur dann, wenn sie mit anderen Frauen als der Mutter gute Erfahrungen gemacht haben, zum Beispiel in einer Frauengruppe oder im Kindergarten, auf der Schule oder im Studium. Bezüglich der zwischenmenschlichen Kompetenz ihrer Therapeutin sind solche Patientinnen meist anspruchsvoll. Sie fürchten, die Therapeutin könnte sich als eine Frau herausstellen, die der Mutter ähnlich ist, was der Fall zu sein scheint, wenn sie ihr negativ bewertetes inneres Mutterobjekt auf die Therapeutin übertragen. Dann kann es zu Therapieabbrüchen kommen.

Im engeren Sinne hysterisch strukturierte Männer gehen eher zu Frauen. Sie wurden ja von der Mutter vorgezogen, ohne erwachsene Leistungen zu erbringen, und erwarten Ähnliches in der Therapie. Eine Schwierigkeit in der Therapie besteht dann darin, daß sie meinen, in der Therapie nicht arbeiten zu müssen. Ihre Rivalität mit Männern können sie schwer in der Übertragung auf die Therapeutin bearbeiten. Phallisch-narzißtische Männer gehen eher zu einem männlichen Therapeuten, der ihnen Kraft geben soll und mit dem sie sich, wenn sie die Kraft von ihm bekommen haben, auseinandersetzen möchten.

Hysterische Therapeutinnen und Therapeuten muß man wieder nach *phallisch-narzißtisch* und *ödipal* unterscheiden. Ein phallisch-narzißtischer Patient und ein phallisch-narzißtischer Therapeut können sich in ihren blinden Flecken überdecken. Andererseits versteht ein Therapeut, der eine eigene phallisch-narzißtische Problematik wenigstens ansatzweise durchgearbeitet hat, seinen Patienten oft gut und kann ihm von daher gut helfen. Mit phallisch-narzißtischen Frauen gerät ein solcher Therapeut leicht in Konkurrenz. Er möchte ihnen beweisen, daß ein Phallus »nichts für sie ist« und daß sie ohne einen Wunsch, männlicher zu sein, als ihrer Biologie entspricht, besser leben könnten. Das mag ein Ziel für eine Therapie mancher solcher Frauen sein. Wird dieses Ziel von seiten des Therapeuten jedoch aus Gründen eigener Konkurrenz angestrebt, wird sich die Frau mit Recht dagegen wehren, was verhindert, daß sie aus der Bearbeitung dieser Thematik Nutzen zieht.

Ein hysterisch strukturierter Therapeut vom ödipalen Typ versteht sich mit einem phallisch-narzißtischen Mann oft nicht gut. Er glaubt, die zentrale Problematik sei ähnlich seiner, und der Patient müsse eine Vaterübertragung entwickeln, damit die Konflikte reaktualisiert würden. Er übersieht, daß es sich um eine Geschwister- oder jedenfalls eine Gleichaltrigen-Problematik handeln könnte. Therapeut und Patient reden aneinander vorbei.

Ein hysterisch strukturierter Therapeut vom ödipalen Typ und ein hysterisch strukturierter Mann vom ödipalen Typ können miteinander spielen, aber schlecht arbeiten. Oft kommt eine solche Therapie nicht zustande, weil hysterisch strukturierte Menschen in einer Therapie keinen Spielgefährten, sondern einen ernsthaft arbeitenden Fachmann erwarten, der ihnen hilft, einiges von ihrer Willkür loszuwerden, die sie bereits oft in Schwierigkeiten gebracht hat. Das gilt auch für Männer; nur daß es bei ihnen oft zu Beginn einer Therapie zu einem Abbruch kommt, wenn die beiden um die Wette spielen und dieses Spiel sich als steril erweist.

Schizoid strukturierte Therapeuten finden hysterisch strukturierte Männer und Frauen kurios. Jemand Kurioses kann ihr Interesse erwecken, sie aber auch irritieren. Der schizoide Therapeut führt die Komplexität der Beziehungen hysterisch strukturierter Menschen stringent auf das ödipale Dreieck zurück; Varianten und Verästelungen der Struktur können ihm dabei entgehen, weil es ihm an Interesse an solchen »Details« mangelt.

Schizoid strukturierte Therapeuten haben oft radikale Wertvorstellungen, auch in bezug auf Sexualität. Da gesellschaftliche

Wertvorstellungen in Familien eine erhebliche Rolle spielen, und weil die aktuellen sexuellen Lebensformen eines Menschen stark durch Ideologien, die sich in Moden ausdrücken, beeinflußt werden, kann der schizoide Therapeut mit der Patientin oder dem Patienten in latente oder manifeste ideologische Auseinandersetzungen geraten. Wie ein Mann oder eine Frau leben soll, kann von seiten des Patienten anders gesehen werden als von seiten des Therapeuten. Da ist Toleranz vonnöten, die bei schizoid strukturierten Therapeuten oft wenig ausgebildet ist.

Im Leben hysterisch strukturierter Menschen geht es tagtäglich um vieles, was der schizoid Strukturierte als Äußerlichkeiten sieht. Da er dem Äußerlichen abhold ist, kann es sein, daß er wenig Verständnis zeigt, wenn eine hysterisch strukturierte Frau von Kleidung und Schmuck spricht oder ein phallisch-narzißtisch strukturierter Mann von Autos.

Narzißtisch strukturierte Therapeuten finden hysterisch strukturierte Menschen interessant, vor allem die bunten Hysterischen vom ödipalen Typ. Auf phallisch-narzißtische Menschen blicken sie gelegentlich mit leiser Verachtung. Zwar ist ihnen selbst an Anerkennung, ja, Bewunderung gelegen, diese soll sich aber nicht schwerpunktmäßig auf Geschlechtseigenschaften beziehen.

Depressiv strukturierte Therapeuten sind ebenfalls gegen das Oberflächliche. Darin treffen sie sich mit den schizoid strukturierten Therapeuten. Wichtig ist ihnen eine warme Menschlichkeit, von der sie meinen, daß sie im Leben aller Menschen den gleichen Stellenwert haben müßte wie in ihrem eigenen. Auch möchten sie, daß alle Menschen ihr Gegenüber so wichtig nehmen, wie sie selbst das tun. Es handelt sich um Werte, die sie auch den hysterisch strukturierten Patienten zu vermitteln suchen, was sich bei den in Beziehungen oft sprunghaften und durch Äußeres stark beeinflußten hysterisch strukturierten Patienten vom ödipalen Typ günstig auswirken kann.

Die Hochschätzung der Objekte durch einen depressiv strukturierten Therapeuten wird von den meisten hysterisch strukturierten Patientinnen und Patienten vom ödipalen Typ positiv bewertet. In der Entwicklung der phallisch-narzißtischen Struktur wie auch der hysterischen Struktur vom ödipalen Typ geht es ja zentral um Anerkennung. Es geht auch um Ernstgenommenwerden. Das können hysterisch strukturierte Patientinnen und Patienten in einer Beziehung zu depressiv strukturierten Therapeutinnen und Therapeuten in hohem Maße erfahren.

Auch der *zwanghaft strukturierte Therapeut* möchte hysterische Patientinnen und Patienten ernst nehmen; allerdings in dem Sinne, daß er sie von dem »Firlefanz«, der ihnen wichtig zu sein scheint, abbringt. Das gilt vor allem für den Umgang mit hysterisch strukturierten Patientinnen und Patienten vom ödipalen Typ. Das Leistungsstreben phallisch-narzißtischer Menschen kann ein zwanghaft strukturierter Therapeut eher goutieren. Das birgt allerdings die Gefahr, daß er es nicht genügend hinterfragt.

Hysterisch strukturierte Menschen vom ödipalen Typ, die sich in Therapie begeben, erwarten vom Therapeuten meist Sachlichkeit und Ernst. Herumalbern »können sie selber«. Deshalb ist die Kombination hysterischer Patient und zwanghafter Therapeut für eine erfolgreiche Therapie oft günstig.

Phobisch strukturierte Therapeuten werden durch die Kapriolen hysterisch strukturierter Patientinnen und Patienten vom ödipalen Typ geängstigt. Zwar möchten sie ihre Patienten begleiten, aber nicht mit ihnen tanzen oder turnen. Es geht ihnen wie dem Huhn, das ein Entenküken ausgebrütet hat und mit ansehen muß, daß das Entenküken ins Wasser geht und schwimmt. Sie fürchten, die Patientin oder der Patient könnte zu Schaden kommen.

Mit der phallisch-narzißtischen Variante können sie besser umgehen. Da phobisch Strukturierte meist wenig Ehrgeiz haben, den Ehrgeiz anderer aber oft bewundern – gerade weil er ihnen fehlt, sie aber auch wissen und verstehen, daß eine Beschränkung auf Ehrgeiz das Leben ärmer macht, als wenn die Lebensziele vielfältiger sind –, kommen sie mit solchen Patienten oft ohne behindernde Ambivalenzen zurecht.

Therapie bei Borderline-Struktur

Borderline heißt bekanntlich Grenzlinie. Diese Bezeichnung meint Krankheitsbilder mit einer Grenze zur Psychose; nicht, wie bei anderen Persönlichkeitsstörungen, mit einer Grenze zur Normalität. Eine »normale« Borderline-Struktur gibt es nicht. Die von Fiedler (2000) referierten und akzeptierten Versuche, eine »normale« Borderline-Persönlichkeit zu beschreiben, erfassen Merkmale der hysterischen Struktur.

Psychoanalytiker verstehen unter Borderline-Patienten Unterschiedliches, aber alle verstehen darunter ein schweres psychisches Krankheitsbild, das durch emotionale Labilität und interpersonelle Probleme gekennzeichnet ist. In Deutschland ist die Beschreibung und Konzeptualisierung von Kernberg (Clarkin et al. 2000) weit verbreitet. Die Beschreibungen in den Diagnostik-Manualen DSM IV und ICD–10 sind phänomenologisch orientiert. Kernberg berücksichtigt die Psychodynamik und betont das Vorkommen sogenannter unreifer Abwehrmechanismen wie Spaltung, primitive Idealisierung, primitive Entwertung und primitive Leugnung. »Primitiv« meint hier, daß Ähnliches, weniger ausgeprägt, auch bei Neurosen vorkommt, die bei Borderline-Patienten vorkommenden Formen sich aber von denen unterscheiden, die es bei Neurosekranken und bei Personen gibt, die als gesund gelten.

Borderline-Patienten sind sozial auffällig. Während andere Persönlichkeitsstörungen in entsprechender Umgebung oft eine normale berufliche Tätigkeit zulassen, auch wenn es im Partnerbereich Schwierigkeiten gibt – so gibt es eine Reihe Politiker mit Schwierigkeiten im Partnerbereich, die ihre Berufstätigkeit im großen und ganzen zur Zufriedenheit ihrer Wähler ausführen –, kommt es bei Borderline-Patienten fast immer zu Schwierigkeiten auch am Arbeitsplatz. Dysfunktionale Formen des Umgangs mit anderen Menschen am Arbeitsplatz und in privaten Beziehungen führen zu Gefährdungen der sozialen Existenz.

Vor der Therapie

Borderline-Patienten werden meist überwiesen. Wenn sie zum Psychotherapeuten kommen, haben sie oft schon eine psychiatrische Vorgeschichte mit stationären Aufenthalten.

Anrufbeantworter

Über den Umgang von Borderline-Patienten mit Anrufbeantwortern ist mir wenig bekannt. Die Übertragungen der Borderline-Patienten werden durch ubiquitäre Eindrücke ausgelöst. Sie können die Stimme eines Therapeuten auf dem Anrufbeantworter als sehr warm oder sehr kalt, herzlich willkommen heißend oder ganz abweisend empfinden; entsprechend übertragen sie gute oder böse Objekte. Schon die Tatsache, daß sie nicht gleich »dran« kommen, kann zur Ablehnung des Therapeuten führen.

Borderline-Patienten mit stabileren Formen der Spaltung in gute und böse Objekte haben oft schon vor dem Erstkontakt eine idealisierend-positive Vorstellung vom Therapeuten, die durch einen Anrufbeantworter nicht so leicht verändert werden kann.

Erstinterview

Bei Borderline-Patienten sind projektive Identifizierungen besonders wirksam. Übertragen sie ein böses Objekt, erzeugen sie beim Therapeuten durch den interaktionellen Anteil der projektiven Identifizierung ablehnende Gefühle, die denen eines bösen

Objekts entsprechen und dazu führen können, daß der Therapeut früh überzeugt ist, mit dem Patienten nicht zu »können«. Andere Borderline-Patienten, die auf den Therapeuten ein gutes Objekt übertragen, verführen den Therapeuten durch den interaktionellen Anteil der projektiven Identifizierung dazu, eine überoptimistische Prognose zu stellen, ihnen dysfunktionale Therapieangebote zu machen und sich dysfunktional für sie einzusetzen.

Bei der Indikationsstellung ist es wichtig, sich über die hohe Wirksamkeit projektiver Identifizierungen von Borderline-Patienten im klaren zu sein. Fehlt eine realistische Einschätzung der therapeutischen Möglichkeiten, kommt es zu unzweckmäßigen Entscheidungen. Diese können die Frage betreffen, ob man den Patienten überhaupt in Behandlung nimmt. Manche Therapeuten überlasten sich mit Borderline-Patienten, was die Qualität ihrer Arbeit beeinträchtigen kann.

Übertragen Borderline-Patienten initial ein böses Objekt, sind die Chancen für eine therapeutische Arbeitsbeziehung gering. Das gilt für die Motivation des Patienten, sich auf eine Arbeitsbeziehung einzulassen, aber auch für die Motivation des Therapeuten, mit dem Patienten zu arbeiten. Manche Patienten rufen im Therapeuten durch projektive Identifizierung aversive Gefühle hervor, die ein realistisches Maß übersteigen. Der Therapeut hält sie dann für untherapierbar und rät von einer Psychotherapie ab, obwohl sie bei einem anderen Therapeuten, der eine andere Übertragung bei ihnen ausgelöst hätte, Chancen auf Besserung hätten.

Ich möchte auch die Möglichkeit erwähnen, daß Therapeuten, die wenig über Borderline-Störungen wissen, Patienten, die aus anderen Gründen schwierig sind, oft als Borderline-Patienten fehldiagnostizieren. Umgekehrt gibt es Borderline-Patienten, die sich dem Therapeuten wie neurotische Patienten darstellen, was zu dysfunktionalen therapeutischen Angeboten führen kann.

Die Arbeitsgruppe um Kernberg (Clarkin et al. 2000) hat die

Notwendigkeit eines festen Rahmens betont, der mit dem Patienten vereinbart werden muß. Ist er zu rigide, kommt es zu Abbrüchen. Ist er zu flexibel, kommt es zu unbeherrschbarem Agieren oder zu unproduktiven Therapien, weil der Patient die Therapie seinen unmittelbaren Bedürfnissen zu sehr anpaßt, was zur Folge hat, daß sich wenig oder nichts verändert.

Beginn der Therapie

Borderline-Therapien beginnen oft mit einer meist kurzdauernden, manchmal auch lange durchgehaltenen Idealisierung des Therapeuten. Die Idealisierung sollte anfangs belassen und nicht in Frage gestellt werden, weil sie zunächst das Einzige sein kann, was den Patienten an den Therapeuten bindet. Es kommt darauf an, die Idealisierung in eine Arbeitsbeziehung umzuwandeln, was nicht immer gelingt.

Negativ getönte Übertragungen, die sehr intensiv sein können und rasch angesprochen werden sollten, damit die therapeutische Beziehung erhalten bleibt, bewirken oft erhebliche Schwierigkeiten im Management der Gegenübertragung. Arbeit im Team erleichtert den Umgang; bei ambulanten Therapien tut das eine Supervision oder eine Intervision.

Mittelteil der Therapie

Ob der Mittelteil einer Therapie fruchtbar wird, hängt entscheidend davon ab, wie die Gegenübertragungsanalyse läuft. Ein Therapeut, der Borderline-Patienten behandelt, sollte über Sensibilität, eine gute Affekttoleranz und eine gute Impulskontrolle verfügen. Auch seine Frustrationstoleranz wird beansprucht. Affekttoleranz und Impulskontrolle sind wichtig, damit der Therapeut auf Provokationen durch den Patienten nicht unreflektiert und undosiert reagiert. Für die Gegenübertragungsanalyse bleibt oft keine Zeit, sie kann erst im nachhinein erfolgen.

Das gilt besonders für Provokationen im Rahmen einer projektiven Identifizierung, bei der ein böses Objekt übertragen wird und der Therapeut diesem Objekt ähnlich gemacht werden soll, damit die Übertragung »stimmt«. Nach meinen Beobachtungen bei Supervisionen kommt es aber seltener vor, daß ein Therapeut dysfunktional reagiert, wenn er provoziert wird, als wenn er per projektive Identifizierung zu einem guten Objekt gemacht werden soll. Unreflektiert aggressives Handeln ist mit der therapeutischen Rolle unvereinbar. Dysfunktionaler Einsatz für einen Patienten ist es oft nicht auf den ersten Blick. An sich ist es ja gut, wenn der Therapeut motiviert ist, sich für einen Patienten einzusetzen. Der Einsatz kann aber dysfunktional sein, weil er auf einer Fehleinschätzung der Möglichkeiten und Grenzen des Patienten beruht. Wenn zum Beispiel die Entwicklungsfortschritte eines Patienten überschätzt werden, kann das zu Katastrophen führen, wenn der Patient die Klinik zu einem Ausgang verlassen kann, obwohl er noch nicht so weit ist, daß er sich steuern kann. Das kommt zum Beispiel bei der Psychotherapie von Straftätern mit einer Borderline-Struktur vor.

Im Mittelteil der Therapie vieler Borderline-Patienten spielt es eine zunehmende Rolle, daß ihre Fortschritte in der Behandlung kleinschrittig erfolgen, was der Therapeut als ein Mißverhältnis zwischen dem emotionalen und kognitiven Aufwand und den erreichten Ergebnissen erleben kann. Hier ist Frustrationstoleranz gefragt. Es kommt auch vor, daß der Therapeut die Fortschritte des Patienten überschätzt, um sich nicht mit diesem Mißverhältnis konfrontieren zu müssen.

Borderline-Patienten neigen dazu, den zu idealisieren, der nicht anwesend ist. So kann es sein, daß ein Patient eine Therapie abbricht, weil er den Therapeuten verteufelt, daß der gleiche Therapeut aber in der nächsten Therapie zum Vorbild wird, an dem er den derzeitigen Therapeuten mißt.

Therapeuten verschiedener Struktur

Therapeuten mit Borderline-Zügen: Oben habe ich erwähnt, daß ein Therapeut, der Borderline-Patienten behandeln will, über gut ausgebildete Ich-Funktionen verfügen muß. Wer einen Borderline-Patienten behandelt, darf nicht so sein wie er. Schwer gestörte Therapeuten mit Borderline-Zügen interessieren sich aber oft für Borderline-Patienten, mit zweifelhaftem Ergebnis.

Schizoid strukturierte Therapeuten finden zu manchen Borderline-Patienten intuitiv eine gute und belastbare Beziehung. Dabei kommt ihnen zustatten, daß sie dazu neigen, vom Individuum zu abstrahieren, was die Belastungen verringert. Einfühlung kann dennoch vorhanden sein, beschränkt sich aber oft auf einzelne Aspekte. Schizoide Therapeuten räumen ihrer Intuition, ob sie mit manchen Patienten gut und mit anderen schlecht können, bei Borderline-Patienten einen besonders hohen Stellenwert ein.

Narzißtisch strukturierte Therapeuten greifen die Herausforderung, die Borderline-Patienten darstellen, oft gerne auf, ertragen aber die im Verhältnis zum Aufwand geringen Erfolge schwer. Während eines stationären Aufenthalts eines Borderline-Patienten, der auf einige Wochen oder allenfalls Monate begrenzt ist, brauchen narzißtische oder auch phallisch-narzißtische, stark erfolgabhängige Therapeuten nicht von sich zu erwarten, eine Heilung zu erreichen. Auch teilen sie Mißerfolge mit dem Team, in dem sie arbeiten. So kann es sein, daß ein narzißtisch strukturierter Therapeut sich im stationären Rahmen gerne mit Borderline-Patienten beschäftigt, die Arbeit mit Borderline-Patienten aber aufgibt, wenn er eine Praxis eröffnet, in der er der einzige verantwortliche Therapeut ist, wo er mit dem einzelnen Borderline-Patienten über wesentlich längere Zeit Kontakt haben müßte und wo er am Ende mit der Begrenztheit der Therapieerfolge konfrontiert wäre.

Narzißtisch strukturierte Therapeuten erwarten, durch die hohe Qualität der Beziehung, die sie dem Patienten gewähren, heilend zu wirken. Darin liegt eine Ähnlichkeit mit depressiv strukturierten Therapeuten, die auch meinen, allein durch die Beziehung heilen zu können. Die Qualitäten der Beziehung unterscheiden sich aber grundlegend. Der depressiv strukturierte Therapeut möchte warme Mitmenschlichkeit bieten. Damit kann er den Borderline-Patienten nicht erreichen. Dieser benötigt ein sich in seine »andere Welt« einfühlendes, in vieler Hinsicht eingeschränktes und dosiertes Beziehungsangebot. Das kann von narzißtischen Therapeuten insofern kommen, als ihre Struktur sie dazu disponiert, auf Reaktionen anderer Menschen zu achten und sich entsprechend zu verhalten – teils im Sinne der Anpassung, teils mit dem Ziel der Manipulation.

Schwierig wird es, wenn ein narzißtischer Therapeut den Borderline-Patienten gleichsam in sein Selbst integriert, indem er eine asymmetrische Symbiose anbietet, die voraussetzt, daß sich der Patient so verhält, wie der Therapeut es will. Das tritt bei einem Borderline-Patienten nur bei idealisierender Übertragung ein. Schwierig wird es, wenn ein böses Objekt übertragen wird. Der narzißtisch strukturierte Therapeut kann sich dann gekränkt fühlen. Oft reagiert er entwertend (»Der Patient hat mich getäuscht«). Das kommt natürlich vor allem bei Therapeuten mit wenig Selbsterfahrung und wenig klinischer Erfahrung in der Behandlung von Borderline-Patienten vor.

Depressiv strukturierte Therapeuten möchten Wärme geben, aber auch empfangen; zumindest »irgendwann einmal«. Bei Borderline-Patienten müssen sie lange warten. Selbst wenn sie es lernen, mit Borderline-Patienten adäquat umzugehen, und die Therapie nicht durch den Patienten oder den Therapeuten beendet wird, dauert es meist Jahre. Oft kommt es nie dazu. Grenzen zu setzen fällt depressiv strukturierten Therapeuten schwer. Sie fürchten reaktive Aggressionen des Patienten.

Nach meinen Beobachtungen haben Therapeuten mit einem hohen depressiven Strukturanteil mit Borderline-Patienten solche Schwierigkeiten, bei denen ein Team ausgleichend und substituierend wirken kann. Es unterstützt den Therapeuten beim Grenzensetzen, und er kann Enttäuschungen in der Beziehung zum Borderline-Patienten mit den Angehörigen des Teams besprechen.

Zwanghaft strukturierte Therapeuten können lernen, sich Borderline-Patienten gegenüber zweckmäßig zu verhalten; sie lernen es in einer Ausbildung und halten sich dann an Grundsätze und daraus abgeleitete Regeln. Das ermöglicht ihnen, in Therapien konsequent zu sein und einen festen Rahmen zu etablieren. Oft ist der aber zu rigide. Die Individualität des Patienten wird zuwenig berücksichtigt. Da ein Supervisor an einem Institut mit dem Patienten in einer Psychotherapie in der Regel nicht persönlich umgeht, kann er das Fehlende nicht direkt substituieren. Eher ist das von seiten der Mitglieder des gleichen Teams oder von Ober- und Chefärzten in einer Klinik möglich. Dann kann es aber sein, daß der zwanghafte Therapeut unerwartete Mißerfolge hat, wenn er versucht, Borderline-Patienten in einer Einzelpraxis zu behandeln.

Phobisch strukturierte Therapeuten können die Arbeit mit Borderline-Patienten schlecht aushalten, weil sie mehr als andere auf Harmonie angewiesen sind und weil ein Therapeut bei der Behandlung von Borderline-Patienten oft aktiv werden muß, indem er Grenzen setzt. Der phobische Therapeut hat die Tendenz, seine Patienten zu »begleiten«. Die Begleitung wird dann zu einer Achterbahnfahrt.

Hysterisch strukturierte Therapeuten vom phallisch-narzißtischen Typ sind leicht von solchen Borderline-Patienten verführbar, die ihre »therapeutische Potenz« ansprechen. Solche Patienten stellen sich dem Therapeuten als eine Herausforderung vor, die dieser sicher bewältigen könne. Es wird dann schwierig, wenn die großen therapeutischen Erfolge ausbleiben. Die Enttäuschung des Patienten kombiniert sich mit einer Kränkung des Therapeuten.

Hysterisch strukturierte Therapeuten vom ödipalen Typ halten es mit Borderline-Patienten nicht lange aus. Das liegt an ihrer

Ungeduld und an mangelndem Einfühlungswillen in die unvertraute Welt des Borderline-Patienten. Idealisierende Übertragungen ertragen sie gut. Wenn sie nicht merken, daß es sich lediglich um eine Idealisierung handelt, können sie eine begeisterte Einschätzung ihrer Persönlichkeit genießen; begeistern wollen sie gerne. Übertragungen eines bösen Objekts, die zu einer Beeinträchtigung des therapeutischen Arbeitens führen, können sie schwer ertragen (»Wer nicht will, der hat schon«). Ähnlich wie Zwanghafte funktionieren sie als Borderline-Therapeuten besser in einem Team. Ein Team kann die Impulsivität des hysterisch strukturierten Therapeuten bremsen und ihm helfen, einen festen Rahmen aufrechtzuerhalten, was ihm wenig liegt. Er neigt zu einem wechselnden Verhalten. Einmal läßt er »alle fünfe gerade sein«, dann meint er wieder, »andere Saiten aufziehen zu müssen«, und reagiert überschießend auf Handlungen des Patienten, mit denen dieser den vereinbarten Rahmen überschreitet.

Gängige Klassifikationen

Psychiatrische Klassifikationen

Wegen der Erkenntnis, daß die vorhandenen psychiatrischen Klassifikationssysteme bei weitem nicht reliabel genug waren, aber auch, weil sich die Psychiatrie als ein medizinisches Fach den Klassifikationssystemen in der organischen Medizin anschließen mußte, sind psychiatrische Klassifikationen in ICD und DSM entstanden. Die ICD liegt in der zehnten Version vor, das DSM in der vierten. Wie es schon DSM III vorgegeben hatte, wird auch in der ICD-Klassifikation Theoriefreiheit angestrebt. Theoriefreiheit meint hier nicht, daß der Klassifikation keine Theorie zugrunde liegt. Ihr liegt eine Theorie zugrunde, die man als phänomenologisch orientiert bezeichnen könnte. Es werden Krankheitsbilder in Form von Symptomkonstellationen beschrieben, die mit bestimmten Ursachen in Verbindung gebracht werden *können*. Diese Ursachen sind im Bereich der somatischen Medizin bei vielen Krankheitsbildern bekannt; bei psychischen Krankheitsbildern gibt es unterschiedliche Erklärungsansätze, die von den verschiedenen psychiatrischen und psychotherapeutischen Schulen vertreten werden. Theoriefreiheit meint im ICD und im DSM, daß diese unterschiedlichen Erklärungsansätze ausgeklammert werden sollen. Angestrebt wird eine Klassifikation, die von Psychiatern und Psychotherapeuten verschiedener Schulen angewandt werden kann, was die Effektivität verschiedener therapeutischer Methoden zu überprüfen gestattet; therapeutischer Methoden, die auf unterschiedlichen Theorien der Krankheitsentstehung fußen, wie zum Beispiel der Verhaltenstherapie, der Psychoanalyse oder den humanistischen

Psychotherapien. Die Psychiatrie konzentriert sich auf den Vergleich verschiedener Medikamente, bezog aber in einigen Untersuchungen in Kooperation mit Psychotherapeuten Vergleiche mit Psychotherapie oder mit Kombinationen von psychopharmakologischer und psychotherapeutischer Behandlung mit ein.

Der Verzicht auf Erklärungsmodelle hat Nachteile. Wozu er führen kann, will ich zunächst an einem organmedizinischen Beispiel erläutern. Eine Zuckerkrankheit führt zu sogenannten Folgeschäden, zu denen auch Arteriosklerose gehört, die sich bei Diabeteskranken nach einigen Jahren gehäuft findet. Insoweit gehört Arteriosklerose zur Zuckerkrankheit. Ihr Entstehen wird aber noch durch andere krankmachende Faktoren gefördert, wie einen erhöhten Blutfettspiegel, der wieder von der Ernährungsweise abhängen kann, aber auch erbgenetisch bedingt ist.

Man kann nun sagen, daß Diabetes gehäuft zusammen mit Arteriosklerose auftritt. Man kann von einer Komorbidität sprechen. Die kausalen Zusammenhänge bleiben offen. Der Begriff Komorbidität ist deskriptiv. Er sagt nichts weiter aus, als daß eine Krankheit oder Störung zusammen mit einer anderen Krankheit oder Störung auftritt. Zu kausalen Zusammenhängen wird nichts gesagt. Die Komorbidität läßt sich in Zahlen erfassen.

Auch im Bereich der Psychiatrie gibt es Störungen, die verschiedene Ursachen haben können. Eine Schlafstörung kann etwas mit pathologischen Vorgängen im Gehirn zu tun haben, oder mit Sorgen, die einen nicht schlafen lassen. Die Sorgen können realistisch begründet sein oder mit einer pathologischen Tendenz zusammenhängen, sich Sorgen zu machen. Es gibt auch den Zusammenhang mit einer Depression. Das gemeinsame Auftreten mehrerer Symptome gestattet eine Diagnose aufgrund des Symptommusters. Symptommuster können aber verschiedene Ursachen haben. Würden sie berücksichtigt, wäre die Diagnose genauer. Solange aber Uneinigkeit bezüglich der Ursachen herrscht, sollen sie in die DSM- oder ICD-Diagnostik nicht einbezogen werden.

Die innere Medizin ist über die reine Symptombeeinflussung weit hinaus gediehen und kann bei manchen Krankheitsbildern kausal behandeln. Ein Diabetes kann nicht geheilt werden. Es ist aber möglich, das Insulin zu ersetzen. Das verhindert die Überzuckerung.

Auch in der biologisch orientierten Psychiatrie werden Symptome beeinflußt; und das auch bei solchen Erkrankungen, deren Entstehungsweise noch nicht aufgeklärt ist. Man kennt kausale Zusammenhänge zwischen einer Depression und der Menge an Botenstoffen, die im Gehirn gebildet oder inaktiviert werden. Wie es dazu kommt, wird diskutiert. Beim Diabetes hatte man lange Zeit ähnliche Verhältnisse. Man wußte, daß Insulin fehlte oder in den Organen nicht ausreichend wirksam wurde. Warum sich ein Diabetes entwickelt, wußte man anfangs noch nicht. Heute ist darüber mehr bekannt, was sich zum Beispiel bei der Diabetes-Prävention positiv auswirkt. Die Psychoanalyse hat Theorien entwickelt, die etwas über die Entstehungsweise vieler psychischer Erkrankungen aussagen. Solange sie aber kontrovers diskutiert werden, bleiben sie aus den psychiatrischen Klassifikationssystemen ausgeschlossen.

Die Verhaltenstherapie ähnelt in ihren Ursprüngen der medikamentösen Therapie körperlicher wie psychischer Symptome. Sie war früher ausgesprochen symptomzentriert. Die kognitive Wende hat die Verhaltenstherapie der Psychoanalyse angenähert.

Beide psychiatrischen Klassifikationssysteme, das DSM und die ICD, erfassen auch sogenannte Persönlichkeitsstörungen. Amerikanische Autoren (Oldham und Morris 1994) haben aus den im DSM erfaßten Persönlichkeitsstörungen eine Klassifikation entwickelt, die sie als Charakterologie verstehen. In seinem Buch über integrative Therapie hat Fiedler (2000) ein eigenes, an jene Autoren angelehntes Klassifikationssystem vorgestellt, mit dem ich mich im Anhang auseinandersetze.

Eine psychodynamische Klassifikation

Im letzten Jahrzehnt des vorigen Jahrtausends sahen sich Psychoanalytiker und psychoanalytisch orientierte Therapeuten in Deutschland immer mehr mit den Klassifikationssystemen ICD und DSM konfrontiert. Die dort angestrebte Theoriefreiheit schloß Informationen aus, auf die man nicht verzichten wollte. Andererseits konnte man sich den zunehmenden Forderungen nach einer reliablen Klassifikation nicht verschließen. Man sah auch ein, daß für einen Vergleich mit anderen therapeutischen Verfahren und mit der Pharmakotherapie eine möglichst theoriefreie Klassifikation erforderlich war. So wurde nach einem Kompromiß gesucht. Man wählte den Weg der Ergänzung: *zusätzlich* zur ICD–10, auf die man wegen der Verständigungsnotwendigkeiten mit Wissenschaftlern und Berufspolitikern außerhalb der eigenen Fachrichtung nicht verzichten konnte, wurde von wissenschaftlich tätigen Psychoanalytikern an Universitäten und großen psychotherapeutischen außeruniversitären Einrichtungen ein eigenes diagnostisches System entwickelt. Es sollte ermöglichen, relevante Ergebnisse psychoanalytisch orientierter Diagnostik reliabel zu erfassen und zu kommunizieren. Die Klassifikation wurde Operationalisierte Psychodynamische Diagnostik (OPD) genannt. Hoffmann, Sprecher des Arbeitskreises OPD, definierte Operationalisierung hier als »… die Definition diagnostischer Klassen anhand von beobachtbaren und überprüfbaren Beschreibungen« (Arbeitskreis OPD (Hrsg.) 1996). Das diagnostische System wurde in vier Achsen: Krankheitserleben, Beziehung, Konflikt und Struktur gegliedert. Operationalisierung bedeute, so Hoffmann, notwendigerweise einen Verlust an dynamischem Gehalt; eine Beschränkung, die von den Mitgliedern des Arbeitskreises in Kauf genommen wurde.

Man versuchte, so wenig wie möglich auf vorbestehende Konstrukte der Psychoanalyse zurückzugreifen, ohne das ganz vermeiden zu können. Hoffmann nennt einen Abhängigkeitskonflikt oder eine Borderline-Persönlichkeit als Beispiele für Begriffe, von deren Inhalt ein psychoanalytisch bzw. psychodynamisch arbeitender Therapeut eine eigene Vorstellung habe. Es bestehe die Gefahr, daß die Operationalisierungsanweisungen gerade von erfahrenen Therapeuten, die mehr oder weniger feste Vorstellungen entwickelt haben, nicht streng als Basis der Kodierung genommen würden. Reliable Ergebnisse ließen sich aber nur erreichen, wenn den operationalen Definitionen der OPD gefolgt werde.

Für ein Rater-Training wurde ein Mittelwert von 60 Stunden angesetzt. Es stellte sich heraus, daß erfahrene Kliniker schlechtere Werte erzielten, eben weil sie meinten, sich weniger mit dem Instrument auseinandersetzen zu müssen als unerfahrene. Auch die neue Interviewtechnik bedürfe erheblichen Trainings. Die Interviews müßten sich gezielt auf bestimmte Inhaltsbereiche richten.

Ein großer Vorteil der OPD liegt darin, daß für die Behandlungsmotivation wesentliche Informationen, zum Beispiel über das Krankheitserleben (Achse I), erfaßt werden. Dabei geht es (OPD 1996, S. 36) um Art und Schwere der vorliegenden Erkrankung, das gesellschaftliche Umfeld, die Arzt-Patient-Beziehung, das psychosoziale Umfeld, Persönlichkeitsmerkmale und Behandlungsmotivation. Mit der Achse II – »Beziehung« – sollen das vom Patienten erlebte habituelle Beziehungsverhalten und die Einschätzung seines Beziehungsverhaltens durch den Therapeuten erfaßt werden. Als pathologisch gelten dabei dysfunktionelle habituelle Beziehungsmuster, die sich aus dem habituellen Beziehungsverhalten des Patienten und den typischen Reaktionsweisen seiner Sozialpartner ergeben (OPD 1996, S. 43). Dabei geht es um Wünsche des Patienten in Beziehungen und um seine Befürchtungen in Beziehungen, die immer wieder auftreten. Es wird zwischen einem habituellen Beziehungsverhalten und einem dysfunktionellen habituellen Beziehungsmuster unterschieden, wobei letzteres die Reaktionsweisen der Sozialpartner mit einbezieht. Der Patient wird aufgefordert, Beziehungsepisoden mit anderen zu erzählen. Zusätzlich werden aus dem eigenen Erleben des Therapeuten innerhalb der Therapeut-Patient-Beziehung während des Gesprächs Informationen gewonnen. Das Gegenübertragungserleben des Therapeuten dient als Instrument für die interpersonelle Diagnostik. Zwei Fragen sollen beantwortet werden: In welcher Position in einer Beziehung sieht der Patient sich selbst? Und: In welcher Position in einer Beziehung befinden sich andere gegenüber dem Patienten? (OPD 1996, S. 44). Man ging davon aus, daß der Patient versucht, »... auch dann vertraute Situationen herzustellen, wenn diese in der Vergangenheit wenig glücklich verlaufen sind«. Hier kann man einen Bezug zu meinem Konzept der Familiarität (König 1982) sehen.

Ziel der Diagnostik auf dieser Achse ist, erkennen und festhalten zu können, wie sich der Patient im Beziehungsverhalten immer wieder erlebt und wie er andere immer wieder erlebt (S. 50/51). Aber: »Eine explizite Deutung unbewußter Strebungen ist im Rahmen der Beziehungsachse der operationalisierten psychodynamischen Diagnostik nicht vorgesehen« (S. 53).

Die Achse III – »Konflikt« – bezieht sich auf ein Aufeinandertreffen entgegengesetzter Verhaltenstendenzen. Nach Freud münden die Konflikte der Menschen in einen Widerspruch zwischen dem Lustprinzip und der äußeren Realität. Kann das Ich nicht zwischen den inneren und äußeren Ansprüchen vermitteln, kommt es zu unbewußten neurotischen Konflikten. Sie behindern die Entwicklung eines Menschen oder stören das zwischenmenschliche Zusammenleben (S. 54). Diese unbewußten Konflikte sind von äußeren Belastungen oder belastenden bewußten Konflikten abzugrenzen. Auch bewußte Konflikte können aber Störungen erzeugen. Bewußte Konflikte können gelöst werden, oft durch Verzicht. Unbewußte Konflikte sind einer Lösung im Bewußtsein per definitionem nicht zugänglich. Konflikte und Struktur stellen eine Ergänzungsreihe dar (S. 56). Bei einer Fehlentwicklung der Struktur reichen in der Regel schon objektiv geringe konflikthafte Belastungen aus, um Störungen zu verursachen. Die OPD erfaßt die folgenden Konflikte (S. 61):

1.1 Abhängigkeit versus Autonomie

1.2 Unterwerfung versus Kontrolle

1.3 Versorgung versus Autarkie

1.4 Selbstwertkonflikte (narzißtische Konflikte, Selbst- versus Objektwert)

1.5 Über-Ich- und Schuldkonflikte (egoistische versus prosoziale Tendenzen)

1.6 ödipal-sexuelle Konflikte

1.7 Identitätskonflikte (Identität versus Dissonanz) und

2.0 fehlende Konflikt- und Gefühlswahrnehmung.

»Diese Konfliktdefinitionen beziehen sich nicht auf entwicklungspsychologische Annahmen. Obwohl inter- wie auch intrasystemische Konflikte angesprochen werden, besteht doch kein Bezug zum klassischen psychoanalytischen Drei-Instanzen-Modell (Es, Ich und Über-Ich)« (S. 62). Termini wie analer oder oraler Konflikt werden wegen schulenspezifischer Vieldeutigkeiten vermieden. Die zu erfassenden konflikthaften Interaktionserfahrungen können laut Arbeitskreis OPD (OPD 1996, S. 62) von der Oberfläche her erschlossen und bis zu der unbewußten Bedeutung hin abgeleitet werden.

»Psychische Struktur« (Achse IV) wird vom Arbeitskreis als

eine für den Einzelnen typische Disposition des Erlebens und Verhaltens definiert. Die bereitliegenden strukturellen Muster manifestieren sich im interaktionellen Handeln, auch im Umgang mit dem Therapeuten. Darüber hinaus gründet sich die Strukturdiagnose auf Schilderungen des Patienten über sein Alltagsleben und seine Lebensgeschichte. Die Diagnostik konzentriert sich auf das interaktionelle Handeln der letzten ein bis zwei Jahre. Akute Störungen einschließlich regressiver Zustände und Krisen können Indikatoren für strukturelle Bereitschaften sein. Das Interview mit dem Patienten soll ihm eine Selbstdarstellung in der Beziehung zum Untersucher erlauben. Der Untersucher muß zwischen Beobachtungen und Introspektion wechseln. Ziel der strukturellen Diagnostik ist vor allem, praktische Orientierungshilfen für die Wahl geeigneter Therapieverfahren zu geben. Strukturelle Einschränkungen des Patienten schränken seine Arbeit in der Therapie ein. Therapie kann zum Ziel haben, die Struktur durch Strukturbildung zu verändern.

Struktur entwickelt sich während des Lebens weiter, aber mit geringer Veränderungsgeschwindigkeit. Psychische Strukturen sind Dispositionen, die sich in konkreten, aktuellen Situationen realisieren. Aus diesen Situationen kann auf überdauernde Strukturmerkmale zurückgeschlossen werden. Im OPD-Manual (OPD 1996) werden das topographische Strukturmodell, die Charakterstruktur, die Neurosenstruktur, ferner die Struktur des Ich, des Selbst und der Beziehungen genannt. Im OPD wird Struktur als die Funktionsweise des Selbst (vor allem des Ich, K. K.) in der Beziehung zum anderen definiert.

Zur Struktur gehören bestimmte Fähigkeiten wie Selbstwahrnehmung, Selbststeuerung, die Fähigkeit zu einer flexiblen und reifen Abwehr. Weiter die Fähigkeit zur Objektwahrnehmung, zur Kommunikation, zur Bindung. Eine strukturelle Störung ist nach OPD als Ergebnis einer defizitären Entwicklung oder einer regressiven Entdifferenzierung aufzufassen. Objektbeziehungstheoretische, selbstpsychologische und ich-psychologische Ansätze sollen auf der Achse »Struktur« zusammengeführt werden. Meines Erachtens ist aber deutlich, daß es sich im wesentlichen um eine ich-psychologische Konzeptualisierung handelt. Die Diagnostik stützt sich allerdings auch auf interpersonelles Geschehen. So wirkt sich die Struktur des Patienten auf das Gegenübertragungserleben des Untersuchers aus; Gegenübertragungsreaktionen werden diagnostisch mitverwertet.

Die OPD kennt auf der Struktur-Achse sechs Dimensionen: die Fähigkeit zur Selbstwahrnehmung, die Fähigkeit zur Selbststeuerung, die Fähigkeit zur Abwehr, die Fähigkeit zur Objektwahrnehmung, die Fähigkeit zur Kommunikation und die Fähigkeit zur Bindung.

Die OPD unterscheidet vier Integrationsniveaus der Struktur: gut integriert, mäßig integriert, gering integriert, desintegriert. Gut integriert wäre eine reife Struktur, desintegriert eine psychotische Struktur. Ergebnis der Diagnostik auf der Struktur-Achse sind eine qualitative Beschreibung für die sechs Beurteilungsdimensionen und eine globale Einschätzung des Integrationsniveaus.

In der OPD wurde eine Konzeptualisierung angestrebt, die Objektivierbarkeit und Reliabilität in den Vordergrund stellt. Das sollte dadurch erreicht werden, daß sich die Diagnostik auf das Selbst und seine Beziehung zu den Objekten konzentriert, wenige strukturelle Beurteilungskriterien verwendet, diese Kategorien in dem Manual verhaltensnah, beobachtungsnah und erlebnisnah beschreibt und auf die Verwendung tradierter psychoanalytischer Begriffe so weit wie möglich verzichtet; letzteres, weil jeder Begriff in seiner langen Entwicklungsgeschichte viele unterschiedliche Bedeutungsnuancen erworben habe. Soweit psychoanalytische Begriffe verwendet werden, werden sie erklärt bzw. definiert.

Die Achse V der OPD besteht in einer Adaptation der ICD–10. Auf Achse Va werden die psychischen und psychosomatischen Störungen (Achse Vb) wie auch die Persönlichkeitsstörungen erfaßt. Die Klassifikationskriterien für psychosomatische Störungen wurden erweitert und differenziert. Die Nachteile der psychiatrischen Klassifikationssysteme, insbesondere eine erhebliche Vernachlässigung der Validität diagnostischer Kategorien zugunsten der Reliabilität (der Arbeitskreis bezieht sich bezüglich einer Kritik dieser Qualifikationssysteme im Manual der OPD auf Schneider und Freyberger 1990, Schneider und Hoffmann 1992, Schneider et al. 1995), werden in Kauf genommen.

Für Forschungsfragestellungen ist eine optionale Erfassung von DSM-IV-Diagnosen vorgesehen, was Achse I des DSM-IV (Psychische Störungen) und Achse II des DSM-IV (Persönlichkeitsstörungen) angeht.

Bei den Persönlichkeitsstörungen wurde die narzißtische Persönlichkeitsstörung aufgrund ihrer besonderen theoretischen und klinischen Bedeutung in einer eigenen Kodierungsnummer aufgenommen.

Daß die hergebrachten psychoanalytischen Klassifikationssysteme vermieden bzw. umgangen werden, läßt sich aus der Zielsetzung des Arbeitskreises OPD begründen. Dennoch wird man kaum übersehen können, daß zwar eine höhere Reliabilität erreicht wurde und die eingeschränkten Aussagen etwas real Vorhandenes erfassen und insoweit valide sind, daß aber der Verzicht auf die in den *vorhandenen* psychoanalytischen Klassifikationen enthaltenen psychodynamischen Annahmen die Verwendung der OPD-Befunde in der praktischen klinischen Arbeit einschränkt. Dieses Manko, das vom Arbeitskreis OPD durchaus gesehen wird, finde ich durch die Aussagen über das Krankheitserleben und die Behandlungsmotivation aufgewogen, aber nicht ausgeglichen. Für die Forschung stellt die OPD zweifellos einen Fortschritt dar. Wie weit sie noch mehr an die praktischen, therapeutischen Bedürfnisse der Behandler adaptiert werden kann, muß die weitere Entwicklung zeigen.

In dem von Schauenburg et al. (1998) herausgegebenen Sammelband »OPD in der Praxis« sticht ein Aufsatz von Otto Kernberg – »Die Bedeutung neuerer psychoanalytischer (und psychodynamischer) Konzepte für die (Befunderhebung und) Klassifikation von Persönlichkeitsstörungen« – hervor, in dem Kernberg sein eigenes Modell der psychoanalytischen Klassifikation von Persönlichkeitsstörungen darstellt. Er merkt kritisch an, daß beim DSM die Möglichkeit fehle, die Persönlichkeitsstörungen nach dem Schweregrad zu klassifizieren *und dabei auch ihre innere Kontinuität zu berücksichtigen* (Hervorhebung K. K.).

Er geht auf die Einschränkungen ein, die sich bei einer Benutzung rein dynamischer Kriterien ergeben, und betont die Wichtigkeit struktureller Kriterien. Er kritisiert auch die in der DSM-Klassifikation angewandte Gewichtung von Persönlichkeitszügen. Dort hängt die Diagnose ja davon ab, ob jemand drei oder vier oder nur zwei der benannten Persönlichkeitszüge hat, und vergleicht dieses diagnostische Vorgehen mit einer Klassifizierung der Gelbsucht nach der Intensität der Gelbfärbung, ohne daß die Funktionen der Leberzelle zur Beurteilung herangezogen würden. *An der Oberfläche erkennbares Verhalten könne völlig unterschiedliche Funktionen im Rahmen einer differenzierten Strukturbildung haben* (Hervorhebung K. K.). Die Psychoanalyse erlaube es jedoch, eine Theorie der psychischen Entwicklung mit einer Theorie der psychischen Struktur zu verbinden. Kernberg stellt dann der DSM-Klassifikation sein eigenes Klassifikationskonzept gegenüber.

Der Kritik von Kernberg trägt die OPD teilweise Rechnung. Es bleibt abzuwarten, ob sich die OPD mehr in die Richtung DSM oder ICD-10 oder mehr in Richtung des von Kernberg vertretenen Pols bewegen wird.

Ausblicke

Evolutionspsychologie

Daß es bei Tieren angeborene Programme gibt, ist schon lange bekannt. Daß dies auch beim Menschen in höherem Maße der Fall ist, als bisher angenommen, postulieren die Evolutionspsychologen.

Ein Ansatz in die gleiche Richtung findet sich tatsächlich schon bei Freud, der annahm, Erfahrungen könnten durch Vererbung weitergegeben werden. Diese Vorstellung Freuds bezog sich auf die Lamarcksche Annahme, Erfahrungen würden direkt vererbt. Das gilt heute als widerlegt. Die Evolutionspsychologie erklärt das Entstehen zweckmäßiger Programme aus der Weitervererbung überlebensgünstiger Varianten, die durch Mutationen entstehen. Programme bilden sich also durch Selektion heraus, Selektionskriterium ist der Überlebenswert.

Ein Pionier der Evolutionspsychologie war Konrad Lorenz, der Befunde der Ethologie auf den Menschen übertrug und sich auf Kant bezog. Kant postulierte, daß unser Bild von der Welt durch die Möglichkeiten unserer Wahrnehmung beeinflußt wird. In der Sprache der Evolutionspsychologie könnte man sagen, daß unsere Wahrnehmung programmiert ist. Allerdings beeinflußt auch die Biographie eines Individuums seine Wahrnehmungen. Gleiches gilt für seine aktuellen Beziehungen zu anderen Menschen.

Heute geht es nicht mehr nur um Wahrnehmung, im Sinne einer Auswahl und einer Bewertung des Sichtbaren, sondern auch um menschliche Verhaltensweisen, die triebtheoretisch nicht erklärt werden können. So haben Buss (1989) und Mitarbeiter in einer aufwendigen transkulturellen Untersuchung herausgefunden, daß die Kriterien der Partnerwahl in Ländern mit unterschiedlichen Kulturen überraschend ähnlich sind. Im Sinne der Evolutionspsychologie lassen sie sich als zweckmäßig für die Weitergabe der eigenen Gene verstehen. Männer achten mehr als Frauen auf gutes Aussehen, Frauen achten mehr auf soziale Stellung, was aus den unterschiedlichen Rollen von Männern und Frauen bei der Fortpflanzung erklärt wird. Gutes Aussehen lasse, so BUSS, auf Gesundheit schließen, was bei Frauen besonders wichtig sei, weil sie die Kinder ja nicht nur empfangen, sondern austragen und zur Welt bringen müssen. Aufgabe des Mannes sei es, die Frau und später die Mutter-Kind-Dyade zu beschützen und Nahrung heranzuschaffen. Diese Rollenverteilung hat sich im Laufe der Entwicklung westlicher Kulturen verändert. Die Evolution ist nicht nachgekommen. Gesellschaftliche Erwartungen geraten in Konflikt mit angeborenen Programmen.

Die Existenz angeborener Programme ist bei Säuglingen gut untersucht (z.B. Dornes 1993b). Säuglinge verfügen über ein differenziertes Signalsystem, das ihnen ermöglicht, mit der Mutter oder einer anderen Pflegeperson zu kommunizieren. Aber auch die Mütter (bei Vätern ist das nach meiner Kenntnis noch nicht ausreichend geklärt) verfügen über angeborene Programme, die ihnen ermöglichen, die Signale des Säuglings aufzunehmen und zu verstehen, und sie motivieren, auf die Signale einzugehen. Mit den Vorstellungen von Winnicott (1960, S. 39) ist das gut vereinbar. Mit der Aussage: »There is no such thing as an infant« meinte er, daß ein Baby nur in einer Mutter-Kind-Dyade vorstellbar ist, in der eine besondere Art von Kommunikation stattfindet. Winnicott nahm auch an, daß Mütter, die ein Kind zur Welt gebracht haben, mehrere Monate lang besser als andere Frauen in der Lage sind, mit einem Säugling umzugehen. Das kann man sich so vorstellen, daß angeborene Programme durch die Schwangerschaft aktiviert werden, woran somatische Einflüsse, aber auch das Erleben der Schwangerschaft beteiligt sein können. Interessant ist in diesem Zusammenhang die Frage, ob die stärkere empathische Beteiligung moderner Männer am Schwangerschaftserleben ihrer Partnerinnen in ihnen ebenfalls Programme aktiviert, die sonst nicht aktiviert würden und die für den Umgang mit Säuglingen günstig sind.

Wenn die Annahmen der Evolutionspsychologen zutreffen, stehen wir Psychoanalytiker vor der Notwendigkeit, sie in unsere Vorstellungen vom Menschen zu integrieren. Wie anderenorts schon dargelegt (König 2002a, 2002b), halte ich diese Aufgabe für lösbar. Tatsächlich sind die Konflikte zwischen angeborenen Programmen und den Erwartungen der Gesellschaft mit Konflikten vergleichbar, die aus den Triebbedürfnissen und den Anforderungen der Kultur entstehen. Hier wie dort geht es darum, Primitives zu zivilisieren. Freud (1933, S. 86) verglich die Tätigkeit des Psychoanalytikers mit der Trockenlegung der Zuydersee – einer Kulturaufgabe. Bei den Trieben und den Programmen geht es darum, sie mit unserer Kultur vereinbar zu machen, indem wir ihre Auswirkungen modifizieren.

Der Gedanke, daß wir durch angeborene Programme gesteuert werden, läßt sich schwer mit dem Wunsch vereinbaren, in unseren Entscheidungen frei zu sein. Das kann ähnlich kränken, wie Freud (1917, S. 7) es für die Psychoanalyse gesagt hat. Freud hat die Kränkung durch die Erkenntnis, daß wir durch unser Unbewußtes beeinflußt werden, bekanntlich mit dem Verlust der Vorstellung verglichen, die Erde sei Mittelpunkt des Weltalls; aber auch mit Darwins Erkenntnissen über die Evolution. Die Darwinsche Kränkung, daß wir von niederen Lebewesen abstammen, wird durch die Entdeckung angeborener Programme verstärkt.

Mit dem eigenen Charakter umgehen

In einer Psychoanalyse kann sich der Charakter verändern. In der Regression werden frühe Entwicklungsstadien reaktiviert. Im Zustand der Regression kann der Patient dann andere Erfahrungen machen als früher.

Begrenzt sind Veränderungen der Persönlichkeitsstruktur möglich, ohne daß Regression induziert wird. Das gilt zum Beispiel für die dynamische oder tiefenpsychologisch fundierte Psychotherapie. Diese Therapieform findet bei etwa 80 Prozent der Patienten Anwendung, die in Deutschland psychoanalytisch orientiert behandelt werden. Bei Varianten der Persönlichkeitsstruktur, die in dem Bereich des Normalen anzusiedeln sind, wobei das Normale durch gesellschaftliche Erwartungen definiert wird, sieht man in der Regel keine Notwendigkeit der Veränderung. Auch machen prozentual wenige Menschen eine Therapie.

Wenn kein Veränderungswunsch besteht, kann es doch von Nutzen sein, die Vorteile und Nachteile, die Stärken und Schwächen der eigenen Persönlichkeitsstruktur zu kennen (König 2001). Auch wenn es um Beratung oder um Coaching und nicht um Therapie geht (König 2003), ist es wichtig, die Persönlichkeitsstruktur oder den Charakter zu berücksichtigen.

Ein wichtiges Feld der Beratung ist die Wahl eines Berufes, für den man geeignet ist. Es geht bei einer Berufswahl nicht nur um vorhandene Begabungen, sondern auch um Interessen, die charakterabhängig sind. Der Einsatz von Begabungen wird durch die Persönlichkeitsstruktur beeinflußt. Ein gesunder zwanghafter Charakter begünstigt systematisches Arbeiten, ein hysterischer Charakter spontanes Reagieren auf Umweltreize. In Berufen, wo viele Kurzkontakte mit Menschen stattfinden, kann ein rasches Sich-Einstellen auf den anderen, wie man es bei hysterischen Strukturen findet, von Vorteil sein. Man kann auch sagen, daß ein Wissenschaftler ganz ohne zwanghaften Strukturanteil schwer denkbar ist, ebenso dürften sich ReiseleiterInnen ohne einen hysterischen Strukturanteil schwertun. Aus kognitiven Begabungsschwerpunkten und dem Charakter ergeben sich Eignung und Interesse für bestimmte Berufe.

Die Berufswahl wird allerdings auch durch Übertragungen beeinflußt. So kann jemand ein Fach studieren, weil er oder sie einen Lehrer oder eine Lehrerin auf dem Gymnasium besonders gut gefunden hat. Die Hochschätzung des Lehrers oder der Lehrerin dehnt sich dann auch auf das Fach aus. Das kann zu falschen Studienwahlen führen, wenn die Begabung für ein Fach nicht vorhanden ist und das Interesse an dem Fach stark davon abhängt, welche Eigenschaften die Personen haben, die es an der Schule oder, im Fall eines Studienfachwechsels, an der Universität vertreten.

Auch innere Konflikte könnten die Berufswahl beeinflussen. So kann jemand gerade etwas studieren, für das er nicht begabt ist, weil ihn das kränkt und er hofft, den Begabungsmangel durch Willenseinsatz überwinden zu können. So gibt es Chirurgie-Assistenten, die sich in akuten Entscheidungssituationen schwer entschließen können, was für einen Chirurgen nachteilig ist. Sie wollen in der Chirurgie lernen, sich zu entscheiden. Andere haben zwei linke Hände und lauter Daumen und hoffen, in der Chirurgie geschickter zu werden.

Ein weiteres Problem ergibt sich aus der Wahl eines Faches aus inhaltlichem Interesse, ohne daß der Betreffende berücksichtigt, auf welche Weise er sich im Beruf mit dem Fach beschäftigen muß. Die Zahl der Germanisten, die auf keinen Fall Lehrer werden wollen und dann mit geringen Berufschancen für Germanisten außerhalb des Lehrerberufs konfrontiert sind, halte ich für hoch.

Die Wahl eines Berufes kann also durch mehrere Faktoren beeinflußt werden, von denen hier nur einige genannt wurden. Soziales Umfeld und Familientradition ergeben weitere Einflüsse. Die Persönlichkeitsstruktur ist aber ein wichtiger Faktor, dessen

Einfluß allerdings in solchen Fällen schwer erkennbar ist, wo Familientradition und soziales Umfeld als auffällige Einflußfaktoren im Vordergrund stehen und der Charakter eben zu der Berufswahl paßt, die in der Familie und im Umfeld der Familie nahe liegt.

Auch bei der Partnerwahl ist der Charakter beteiligt. Dicks (1967), Willi (1975), König und Kreische (1991), König (2000, 2001) haben darauf hingewiesen. Willi spricht von Kollusionen zwischen verschiedenen Charakterformen.

In meiner Einschätzung sind die möglichen Anwendungsfelder einer psychoanalytischen Charakterologie außerhalb des Therapeutischen breit und wichtig. In vielen Bereichen werden die Möglichkeiten noch nicht ausgeschöpft.

Anhang

Die Charaktertypen von Fiedler

Der Heidelberger klinische Psychologie Peter Fiedler, ein Verhaltenstherapeut, der das Konzept einer »integrativen Therapie« (Fiedler 2000) von Persönlichkeitsstörungen vertritt, hat in Anlehnung an Oldham und Morris (1991) eine Charaktertypologie aufgestellt, die sich aus der Klassifikation des DSM und auch aus der Klassifikation der ICD herleitet. Im folgenden will ich diese Typologie referieren und mich mit ihr kritisch auseinandersetzen. Dabei konzentriere ich mich auf jene Typen, bei denen der Unterschied zwischen einer verhaltenstherapeutischen und einer psychoanalytisch orientierten Betrachtungsweise besonders deutlich wird.

Der *paranoiden Persönlichkeitsstörung* ordnet Fiedler die »mißtrauisch-scharfsinnige Persönlichkeit« zu. Die paranoide Persönlichkeitsstörung beschreibt Fiedler so: Überempfindlichkeit gegenüber Kritik, Normorientierung eigenen Handelns und tiefgreifendes Mißtrauen und Argwohn gegenüber anderen, deren Motive als böswillig ausgelegt werden. Paranoide Persönlichkeiten fühlten sich von anderen ausgenutzt und benachteiligt; einige neigten zum Querulantentum und zum Fanatismus. Sie liegen häufig im Streit mit anderen Menschen. In beruflich superiorer oder gleichrangiger Position ziehen sie die Loyalität anderer in Zweifel.

Zum Stil einer mißtrauisch-scharfsinnigen Persönlichkeit gehört nach Fiedler die Neigung, Absichten anderer zu verzerren und sich davon abzugrenzen. Dagegen werden eigene Absichten deutlich erlebt und nach außen dargestellt. Die Intentionen anderer werden, so weit es geht, ergründet, um sich gegebenenfalls gegen sie abzugrenzen. Von solchen Menschen gewählte Berufe erfordern scharfsinniges Denken und Begeisterung für eine Sache; als Beispiele nennt Fiedler die Jurisprudenz, die Kriminalistik oder ein Engagement für Ideologien, in Parteien und in Vereinen.

Auffälligkeiten dieses persönlichen Stils sind laut Fiedler aus einer übermäßigen Selbstbezogenheit (bei Fiedler: Selbstrepräsentanz) und einem kognitiven Verarbeitungsstil zu verstehen, der durch analytisches Denken, Planen und Rechtfertigen bestimmt ist. Ein solcher Mensch spürt ständig seine vermeintlich guten Intentionen. Wenn er sich damit bei anderen Menschen schwer durchsetzen kann, macht er diese für Mißgeschicke verantwortlich oder versucht, ihnen die Schuld an Interaktionsstörungen zuzuweisen.

Daraus entsteht nach Fiedler ein Teufelskreis selbsterfüllender Prophezeiungen. Das mißtrauische Verhalten führt leicht dazu, daß solchen Menschen Informationen vorenthalten werden oder daß man sie ablehnt. Das bestätigt und verstärkt ihren Argwohn.

Die Eigenschaften solcher Persönlichkeiten lassen aus meiner Sicht auf eine schizoid-zwanghafte Persönlichkeit schließen. Die Erklärungen Fiedlers bewegen sich im bewußten Bereich. Sie erwecken den Eindruck, sich aus konstitutionellen Eigenheiten zu beziehen.

Die *ängstlich vermeidende* Persönlichkeitsstörung (im DSM selbstunsichere Persönlichkeitsstörung genannt) ist nach Fiedler durch Ängste vor negativer Beurteilung, Schüchternheit und soziales Unbehagen gekennzeichnet; durch Verlegenheit, leichtes Erröten, Vermeiden sozialer und beruflicher Herausforderungen. Minderwertigkeitsgefühle und die Vermeidung sozialer Kontakte führten zu gravierenden Einschränkungen der sozialen Kompetenz. Die Abgrenzung von der sozialen Phobie sei schwierig. Eine soziale Phobie sei meist Folge sozialer Traumatisierung, während die persönlichkeitsbedingte Selbstunsicherheit bereits in der Jugend oder Kindheit auffalle.

Dazu paßt nach Fiedler ein *»selbstkritischer«* Persönlichkeitsstil. Bei den selbstkritischen Persönlichkeiten findet sich nach Fiedler eine besondere Empfindlichkeit gegenüber Kritik und Zurückweisung. Die Betroffenen neigen dazu, eigene Erwartungen und Vorstellungen über die Umwelt in Frage zu stellen und zu relativieren. Das könne auch positiv bewertet werden. Selbstkritisch-sensible Persönlichkeiten drängten sich nicht in den Vordergrund, ließen anderen gerne den Vortritt und seien in Konflikten um Ausgleich bemüht. Man mache mit ihnen die Erfahrung, daß man sich auf sie verlassen könne.

Zur Funktion schreibt Fiedler, daß Angst vor negativer Beurteilung und vor Bestrafung die Empfindsamkeit der Betroffenen und ihr Vermeiden sozial autonomer Handlungen erklärt. Sie werden oft von sozial akzeptablen Werthaltungen geleitet, die aber für eine Stabilisierung des Vermeidungsverhaltens verantwortlich sind: Sie möchten keine Handlungen ausführen, die andere verletzen könnten. Aus Angst vor Mißerfolgen vermeiden sie enge Bindungen oder risikoreiche Aktivitäten. Sie fürchten ein beschämendes Versagen in sozialen Situationen.

Unter »Ängstlich vermeidender Persönlichkeitsstörung« beschreibt Fiedler im wesentlichen die soziale Phobie. Daß soziale Phobien meist eine Folge sozialer Traumatisierungen sind, kann ich aus eigener Erfahrung nicht bestätigen. Ich sehe sie als phobische Verarbeitung von Beschämungsangst, die etwas damit zu tun hat, daß der Betroffene sich nach hoch angesetzten Kriterien beurteilt. Die Ursache dafür liegt weit zurück; in der Zeit, während der eine narzißtische Struktur entsteht. Ob eine soziale Phobie sich schon in der Jugend oder Kindheit manifestiert, dürfte, meine ich, von der sozialen Unterstützung abhängen, die ein Kind erfährt. So kann ein Kind, das viel von sich erwartet, durch das Verhalten der Eltern oder anderer Beziehungspersonen den Eindruck bekommen, hohen Ansprüchen zu genügen, und erst im Erwachsenenalter an Grenzen stoßen, die mit den eigenen Ansprüchen unvereinbar sind. Strukturell sehe ich eine Kombination von narzißtischen und phobischen Persönlichkeitsanteilen.

Unter »Stil« betont Fiedler den Faktor Selbstkritik. Die Selbstkritik kann, meine ich, auf die Erfahrung zurückgehen, daß man die eigenen Ansprüche nicht erfüllt. Das bewirkt eine allgemeine Verunsicherung. Auch die Abhängigkeit narzißtisch Strukturierter von der Anerkennung anderer spielt hier eine Rolle.

Soweit das Vermeideverhalten als Bescheidenheit ausgelegt wird, erfährt es nach Fiedler eine positive Bewertung.

Auf phobisch strukturierte Menschen kann man sich deshalb gut verlassen, weil ihnen Harmonie und soziale Akzeptanz wichtig sind, so daß sie vermeiden, etwas zu tun, was Harmonie und Akzeptanz gefährden könnte.

Angst vor negativer Beurteilung und vor Bestrafung wird von Fiedler unter »Funktion« als zentral herausgestellt. Sie erklärt ihm die Verletzlichkeit der betroffenen Personen und ihr Vermeiden sozial-autonomer Handlungen. Die Betroffenen lassen sich von sozial akzeptablen Werthaltungen leiten. Diese hätten allerdings den Nachteil, das Vermeideverhalten zu stabilisieren. Das entspricht der phobischen Struktur.

Weiter schreibt Fiedler, daß solche Personen enge Bindungen oder risikoreiche Aktivitäten meiden. Es wird nicht deutlich, weshalb enge Bindungen und risikoreiche Aktivitäten in einem Satz genannt sind. Vermutlich sieht Fiedler eine enge Bindung als Gegenstück zu einem soziale Kontakte vermeidenden Verhalten. Auch beschreibt Fiedler Charakterzüge, die er ähnlich wie konstitutionelle Eigenheiten behandelt.

Als *dependente Persönlichkeitsstörung,* der er als Stil die anhänglich-loyale Persönlichkeit zuordnet, beschreibt Fiedler eine »anhänglich-loyale« und »zumeist aufopfernde« Haltung, die nicht selten in ein unterwürfiges Verhalten einmünde. Das kann nach Fiedler zur Unfähigkeit führen, eigene Entscheidungen zu treffen und umzusetzen. Gefürchtet werden ein Verlust von Beziehungen, ein Versagen in Leistungssituationen und negative Bewertungen durch andere. Infolge ihrer geringen Selbstsicherheit könnten Menschen mit einer dependenten Persönlichkeitsstörung leicht ausgenutzt werden. Es bestehe ein Risiko für die Entwicklung einer Depression oder einer somatoformen Störung. Weiter nennt Fiedler die Angst, verlassen zu werden.

Als entsprechenden Stil bezeichnet Fiedler ein »loyales« Verhalten gegenüber anderen Menschen, wobei eigene Wünsche zurückgestellt werden können, wenn sie mit den Interessen relevanter Bezugspersonen kollidieren. Loyale Persönlichkeiten hätten oft einen großen Freundes- und Bekanntenkreis, der sich bei Menschen mit dependenter Persönlichkeitsstörung selten finde. Anhänglich-loyale Personen verfügen nach Fiedler über eine hohe Fähigkeit zu empathischer Kooperation, was sozial akzeptiert und belohnt werde. Die Betroffenen wählten oft sozial anerkannte, helfende Berufe wie Pfleger oder Therapeut.

Unter »Funktion« betont Fiedler, daß dependente Personen durch ein Bestreben gekennzeichnet sind, Bindungen zu erhalten. Er weist darauf hin, daß ein geringer Bezug zu eigenen Interessen und Wünschen sich in einem passiven und angepaßten Verhalten äußern und den Erwerb sozialer Kompetenzen behindern kann. Defizite an sozialen Kompetenzen erzeugen Angst. Die Angst führt zu einem schutzsuchenden, abhängigen Verhalten. Das erhöht die Neigung, sich in Abhängigkeit zu begeben.

Die dependente Persönlichkeitsstörung in der Beschreibung von Fiedler deckt sich weitgehend mit der depressiven Persönlichkeitsstruktur aus meiner Sicht. Anhänglichkeit, die als Loyalität imponieren kann, »aufopferndes Handeln«, Angst, eigene Interessen zu vertreten, weil sie eine Beziehung gefährden könnten, was als unterwürfig imponieren kann, und eine Unfähigkeit, eigene Entscheidungen zu treffen, weil die Gefährdung von Beziehungen durch selbständiges Verhalten gefürchtet wird, sind Merkmale einer depressiven Persönlichkeitsstruktur. Das »aufopfernde Verhalten« muß, meine ich, von einem Verhalten unterschieden werden, bei dem es dem Helfenden um Machtgewinn geht und das der Zwangsstruktur zuzuordnen ist. Unter Psychoanalytikern spricht man von depressiver Opferhaltung und zwanghafter Helferhaltung.

Daß sich Depressionen entwickeln können, auch somatoforme Störungen im Sinne einer somatisierten Depression, gehört zum gängigen psychoanalytischen Konzept der depressiven Persönlichkeitsstörung; ebenso die existentielle Angst, verlassen zu werden.

Ein Hintanstellen eigener Interessen und das Vertreten der Interessen anderer kann als Loyalität interpretiert werden. Wenn es mit anderen positiven sozialen Eigenschaften verbunden ist, kann diese »Loyalität« dazu führen, daß ein großer Freundes- und Bekanntenkreis entsteht. In diesen Beziehungen läuft der depressiv Strukturierte aber Gefahr, ausgenutzt zu werden. Wenn dependente (depressiv strukturierte) Menschen aber wenig Freunde haben, hängt es nach meinen Beobachtungen damit zusammen, daß sie gerne das Zurückstellen eigener Interessen betonen, was unangenehm auffällt. Auch latente orale Gier scheint manchmal durch. Sie wird durch ein vordergründig bescheidenes Verhalten vor anderen und vor dem Betroffenen selbst verborgen.

Wer sich weniger liebt als andere, wird oft ausgenutzt, ohne aber geliebt zu werden. Attraktivität hängt mit Selbstakzeptanz zusammen. Wer sich schlecht und unwichtig findet, stellt sich oft unattraktiv dar.

Daß Therapeuten fast immer auch einen depressiven Strukturanteil haben, der sie dazu motiviert, sich für andere Menschen einzusetzen, entspricht auch meinen Beobachtungen. Die depressive (bei Fiedler: die dependente) Struktur findet sich überhaupt gehäuft in sozialen Berufen.

Unter »Funktion« merkt Fiedler an, daß dependente Personen viel tun, um Bindungen zu erhalten. (Schutzsuche findet sich übrigens auch bei phobisch Strukturierten, die gerne als »blinder Passagier« mitlaufen, wobei sie eigene Ansprüche einschränken, um nicht unangenehm aufzufallen. Sie fürchten, das Schiff dann verlassen zu müssen. Hier gleichen sich phobische und depressive Strukturen bei äußerer Betrachtung.)

Daß es bei depressiven wie auch bei phobischen und bei schizoiden Menschen zu einem Defizit an sozialer Kompetenz infolge mangelnder Übung kommen kann, ist plausibel. In Psychotherapien kann man immer wieder erkennen, wie ein bestimmtes Verhalten auf verschiedenen Wegen entsteht.

In Fiedlers Buch (2000) werden die *depressive Persönlichkeitsstörung* und der von ihm so bezeichnete, zu ihr passende *passiv-pessimistische Stil* erst nach der zwanghaften Persönlichkeitsstörung abgehandelt. Da ein Vergleich mit der dependenten Persönlichkeitsstörung nahe liegt, behandle ich die depressive Persönlichkeitsstörung hier aber im Anschluß an die dependente.

Die depressive Persönlichkeitsstörung in der Beschreibung von Fiedler ist durch Niedergeschlagenheit, Gefühle der Wertlosigkeit und Unzulänglichkeit und durch eine »depressivogen-pessimistische« Lebenseinstellung gekennzeichnet. Oft leiden die Betroffenen unter Schuldgefühlen. Sie sind selten in der Lage, positive Emotionen zu empfinden. Deshalb können Selbstbeschuldigungen und ein entwertetes Selbstbild vorhanden sein. Fiedler fragt, ob die depressive Persönlichkeitsstörung nicht schon im Rahmen der dysthymen Störung hinreichend beschrieben sei, zumal die Störung von Betroffenen als ich-dyston erlebt werde und nicht, wie die meisten anderen Persönlichkeitsstörungen, ich-synton sei.

Zum passiv-pessimistischen Stil nennt Fiedler eine passive Grundhaltung, ein gedämpftes Erleben positiver Anreize und eine eher kontemplative Lebenseinstellung. Nach Fiedler bestehen Übergänge zum gewissenhaft-sorgfältigen Persönlichkeitsstil, andererseits sieht er Kriterienüberlappungen mit der negativistischen Persönlichkeitsstörung. Darin sieht Fiedler die Gründe, weshalb die depressive Persönlichkeitsstörung noch nicht gleichrangig mit den anderen Persönlichkeitsstörungen in die Manuale aufgenommen wurde.

Zur »Funktion« schreibt Fiedler, daß ein Wechselspiel zwischen Traurigkeit und Euphorie als »grundlegende Seinsweise« in Richtung Dysphorie verschoben sei. Gewissenhafte und pflichtbewußte Tätigkeit könne sich depressionshemmend auswirken, worin Fiedler anscheinend eine Ursache für das Entstehen des zwanghaften »Typus melancholicus« sieht, wie er bei endogenen Depressionen von Tellenbach (1961) beschrieben wurde. Eine depressive Persönlichkeitsstörung mit dem Risiko des Entstehens einer manifesten Depression kann nach Fiedler daraus resultieren, daß kein kompensatorischer Lebensstil gepflegt wird.

Der Vermutung von Fiedler, daß die *depressive Persönlichkeitsstörung* schon mit der *dysthymen Störung* hinreichend beschrieben sei, stimme ich zu. Aus meiner Sicht ist eine depressive Persönlichkeitsstörung, wie Fiedler sie zusammenfassend beschreibt, als leichte depressive Verstimmung einzuordnen. Die von Fiedler erwähnte passive Grundhaltung entspricht dem Initiativemangel depressiv Strukturierter, den eine depressive Verstimmung verstärkt. Mit der unter »Stil« erwähnten »kontemplativen Lebenseinstellung« ist wohl ein Initiativemangel bei leichter Depression gemeint, der Zeit und Raum für Kontemplation entstehen läßt.

Daß depressiv Verstimmte durch positive Anreize wenig beeinflußt werden können, ist allgemein bekannt.

Bei der Beschreibung der *zwanghaften Persönlichkeitsstörung,* der er als Stil die *sorgfältig-gewissenhafte Persönlichkeit* zuordnet, geht Fiedler, anders als sonst in seinem Buch, zunächst vom »Stil« aus. Er ist nach Fiedler durch Gründlichkeit und Genauigkeit gekennzeichnet. Erst im Übergang zu einem rigiden Bemühen um Gründlichkeit und Genauigkeit könne man von einer Persönlichkeitsstörung sprechen.

Arbeit wird bei dieser Persönlichkeitsstörung nach Fiedler allen Freizeitaktivitäten und allen zwischenmenschlichen Kontakten übergeordnet. Eigene starre, moralisch anspruchsvolle und prinzipientreue Verhaltensmuster würden eigensinnig vertreten und Untergebenen aufgenötigt. In Abhängigkeitsbeziehungen finde sich eine übergründliche Pflichterfüllung.

Zur sorgfältig-gewissenhaften Persönlichkeit schreibt Fiedler, daß von ihr »das Leben und die Welt durchaus positiv gesehen und beurteilt werden«, auch wenn der Sinn des Daseins mit Mühe und Pflichterfüllung angefüllt sei. Fiedler weist darauf hin, daß sich der gewissenhafte Stil beim »Typus melancholicus« nach Tellenbach (1961) findet. Beide Stile, der zwanghafte und der des Typus melancholicus, seien durch Pflichtbewußtsein und »Streben nach Vollkommenheit« charakterisiert. Die zwischenmenschlichen Beziehungen sind nach Fiedler durch Harmoniestreben und Sich-Einordnen charakterisiert. Sie zeigten gelegentlich dependente Züge.

Zur »Funktion« schreibt Fiedler, daß Störung und Stil mit dem Risiko der Entwicklung einer Depression verbunden seien, die unter anderem aus einem Scheitern eigener Ansprüche und aus einer Armut an Lebensfreude resultieren könne. Das Streben nach Perfektion und Sorgfalt hänge oft mit Zweifeln und Unsicherheit zusammen, was zu extremer Vorsicht führen könne.

Im Grunde liege den zwanghaft-gewissenhaften Persönlichkeitsmerkmalen eine Intentionsstörung zugrunde. Bestrebungen zur Aufrechterhaltung subjektiver Autonomie stehen nach Fiedler unter einem einengenden Regime moralischer, logischer oder sozialer Regeln und Maximen.

Die Beschreibungen Fiedlers decken sich teilweise mit denen aus psychoanalytischer Perspektive. Ausgeprägte zwanghafte Persönlichkeitsstörungen führen oft zu Arbeitsstörungen, die allerdings nicht nur durch Übergenauigkeit, sondern auch durch Entscheidungsschwäche, Mangel an Übersicht und inneren Protest gegen Arbeitsaufträge gekennzeichnet sind. Die von Fiedler erwähnte starre, moralisch anspruchsvolle Prinzipientreue wird auch von Psychoanalytikern gesehen. Allerdings werden die Prinzipien, meine ich, nicht nur untergebenen Personen aufgenötigt, sondern auch von Vorgesetzten verlangt, die unter diesen Kriterien kritisch betrachtet werden.

Daß, wie Fiedler unter »Stil« anmerkt, von Zwanghaften das Leben und die Welt positiv gesehen und beurteilt werden, kann ich kaum bestätigen. Zwanghafte sind oft ausgesprochene Nörgler, die alles herabsetzen, was andere tun (»Keiner macht es so gut wie ich«). Die Übereinstimmung mit dem Typus melancholicus nach Tellenbach wird aus psychoanalytischer Sicht nachvollziehbar beschrieben. Beide Persönlichkeitstypen sind pflichtbewußt. Allerdings würde ich nicht sagen, daß sie nach Vollkommenheit streben, etwa im Sinne narzißtischer Größenphantasien bezüglich der eigenen Person und der eigenen Produktivität. Sie verlangen so etwas auch nicht von anderen. Sie streben nach Perfektion in dem Sinne, daß bestimmten Prinzipien gefolgt werden muß und keine Fehler gemacht werden dürfen.

Nicht bestätigen kann ich, daß sich die zwischenmenschlichen Beziehungen Zwanghafter durch Harmoniestreben und Sich-Einordnen auszeichnen. In einer Hierarchie ordnet sich ein Zwanghafter ein, wenn er den Vorgesetzten anerkennen kann, was oft nicht der Fall ist. Er erkennt den Vorgesetzten an, wenn dieser die Prinzipien des Zwanghaften für richtig hält und umsetzt.

Sonst möchte der Zwanghafte oben sein und den anderen beherrschen. Harmoniestreben zeichnet eher die phobische und die depressive Struktur aus. Zwanghaften fällt es schwer, mit anderen auf gleicher Ebene zusammenzuarbeiten, sie müssen immer eine Oben-Unten-Situation herstellen. Arbeitsaufgaben werden nicht erledigt, wenn der Zwanghafte »den Sinn nicht einsehen kann«. Protest wird selten offen geäußert, häufiger kommt es zu Bummeln, Vergessen von Arbeitsaufträgen und Fehlern durch Fehlleistungen. Insgesamt kann man sagen, daß sich das Bild der zwanghaften Persönlichkeit, das Fiedler entwirft, mit meinen Vorstellungen aus psychoanalytischer Perspektive in weiten Bereichen deckt, in einigen anderen aber deutlich abweicht.

Das Risiko der Entwicklung einer Depression, das sich aus einem Scheitern hochgesetzter Ansprüche ergibt, würde ich bestätigen. Depression kann aber kaum aus einer »Armut an Lebensfreude« resultieren. Wenn jemand wenig Lebensfreude hat, kann das mit dem Vorhandensein einer depressiven Struktur zusammenhängen. Hat sich jemand aber auf eine »Armut an Lebensfreude« eingestellt – worunter Fiedler zu verstehen scheint, daß Arbeit so gut wie jede Lebensfreude überwuchert und selbst keine Lebensfreude macht –, ist oft ein stabiler Zustand erreicht.

Die Unentschlossenheit der Zwanghaften, die erst unter »Funktion« erwähnt wird, die Zweifel an der Qualität der eigenen Arbeit und der Arbeit anderer und eine übermäßige Vorsicht, die auch erst unter »Funktion« genannt wird, führt Fiedler auf Ambivalenzen zurück. Daß Konflikte nicht gelöst werden können, hat in meiner Sicht aber auch etwas mit einem habituellen Einsatz des Abwehrmechanismus der Isolierung aus dem Zusammenhang zu tun, der verhindert, daß Vergleiche zwischen zwei Lösungsmöglichkeiten angestellt werden; es kann immer nur die eine Lösungsmöglichkeit auf einmal betrachtet werden, und nicht beide nebeneinander. Die »Intentionsstörung« der Zwanghaften findet auch darin ihre Erklärung, daß sie sich schwer entscheiden können; nicht nur in der Einengung der Möglichkeiten subjektiver Autonomie auf Regeln und Maximen. Diese erleichtern dem Zwanghaften sogar die Entscheidungen, wenn er sich streng nach ihnen richtet. Die Entscheidungen sind dann oft nicht situationsadäquat. Müßte der Zwanghafte auf seine Regeln und Maximen verzichten, würde er unentschlossener wirken.

Die *negativistische* oder *passiv-aggressive* Persönlichkeitsstörung ist nach Fiedler durch eine passiv-kritische Grundhaltung gegenüber Anregungen und Anforderungen gekennzeichnet, die von anderen kommen. Menschen mit dieser Persönlichkeitsstörung fallen nach Fiedler besonders durch passive Widerstände gegen Leistungsanforderungen im sozialen und beruflichen Bereich auf. Auch nehmen sie oft an, mißverstanden, ungerecht behandelt oder übermäßig in die Pflicht genommen zu werden.

Zum »Stil« schreibt Fiedler, daß Menschen mit einer kritisch-zögerlichen Persönlichkeit dadurch Anerkennung finden können, daß man ihnen eine »gesunde Skepsis« gegenüber allem Neuen zuschreibt. Zwar unterstützen sie die Ansichten anderer Personen. Sie äußern aber Skepsis oder Kritik, wenn damit Anforderungen gegenüber der eigenen Person verbunden sind. Fiedler nennt das eine pessimistische Grundeinstellung, die häufig mit rationalen Argumenten begründet werde. Obwohl solche Menschen Innovationen im Arbeitsbereich in kollegialer Kooperation gutheißen können, wollen sie sich, so Fiedler, wegen ihrer berechtigten Vorbehalte oft nicht aktiv beteiligen.

Unter »Funktion« macht Fiedler für die negativistische Grundhaltung Schwierigkeiten im Umgang mit Ärger verantwortlich. Daraus erwachse eine zögerliche Skepsis gegenüber allem Neuen. Ärger und Wut könnten nur indirekt ausgedrückt oder durch passive Verweigerung oder rationale Vorbehalte zum Ausdruck gebracht werden. Fiedler weist darauf hin, daß diese Störungskategorie umstritten sei. Es bestünden Überlappungen mit depressiven Persönlichkeitsstörungen.

Die kritisch-zögerliche und negativistische Persönlichkeitsstörung läßt sich aber, meine ich, am ehesten bei der zwanghaften Persönlichkeitsstörung unterbringen. Zwanghafte leisten passiven Widerstand, wenn man etwas von ihnen verlangt, mit dem sie nicht einverstanden sind. Sie fühlen sich dann ungerecht behandelt, ungerechtfertigten Arbeitsanforderungen ausgesetzt und in ihren Intentionen mißverstanden; letzteres, wenn ein anderer die Dinge aus einem anderen Blickwinkel sieht, während der Zwanghafte ja oft meint, es gäbe nur eine richtige Sichtweise, die eigene. Auch die von Fiedler beschriebene »gesunde Skepsis« findet man am ehesten bei Zwanghaften; ebenso die scheinbare Zustimmung und die Verweigerung durch Bummeln und Vergessen. Es handelt sich nicht um eine pessimistische Grundeinstellung, sondern um ein Negieren aus Prinzip, hinter dem sich der Wunsch verbirgt, selbst zu bestimmen. Protestiert wird dagegen, daß andere bestimmen. Wenn rational gegenargumentiert wird, geschieht das mit der Zielsetzung, alles, was von anderen kommt, mit einer schlechten Prognose zu versehen. In einer Arbeitsgruppe kann so jemand insofern nützlich sein, als er immer den »worst possible case« vertritt.

Unter »Funktion« schreibt Fiedler die negativistische Grundhaltung der betroffenen Personen ihren Schwierigkeiten im Umgang mit Ärger zu. Aus meiner Sicht können sie auf die Abwehr aggressiver Impulse bei einer Zwangsstruktur zurückgeführt werden. Die Skepsis gegenüber allem Neuen findet sich ebenfalls bei der Zwangsstruktur. Sie hat etwas damit zu tun, daß Veränderungen Unordnung oder gar Chaos bringen können und deshalb vermieden werden sollen. Auf viele Menschen mit einer Zwangsstruktur trifft zu, daß sie Ärger und Wut nur indirekt, im Sinne einer »passiven Verweigerung«, oder rationalisierend vorbringen können. Die vorgebrachten Gründe haben den Charakter von Ausreden. Die von Fiedler im Zusammenhang mit den negativistischen Persönlichkeitsstörungen hergestellte Verbindung zur Depression bezieht sich auf äußerliche Ähnlichkeiten. Wenn jemand keine Initiative hat, wird er Arbeitsaufträge, die aktive Mitarbeit erfordern, abzuwimmeln versuchen. Bei passivaggressiven Personen geschieht das aber aus latentem Protest.

Fiedler zielt nicht nur auf die Beschreibung von Phänomenen ab. Wenn er versucht, kausale Zusammenhänge im bewußten Bereich darzustellen, ist sein Bemühen spürbar, zu einem Verständnis der beschriebenen Persönlichkeiten zu gelangen. Allerdings zeigt sich gerade hier, welche Grenzen einem solchen Verstehen gesetzt sind, wenn man die Ergebnisse, Untersuchungsmethoden und Denkmethoden der Psychoanalyse beiseite läßt. Es bleibt offen, wie bestimmte Persönlichkeitsmerkmale zustande kommen; am ehesten gewinnt man den Eindruck, daß sie als konstitutionell entstanden gedacht werden. Die Erklärungsversuche für ein aus bestimmten Persönlichkeitsmerkmalen entstehendes Erleben und Handeln sind nur teilweise plausibel. Persönlichkeitsmerkmale, die von Psychoanalytikern als Endstrecke unterschiedlicher Entwicklungsvorgänge und psychodynamischer Kausalketten verstanden werden, stellt Fiedler als einheitlich dar, entsprechend den Persönlichkeitsbeschreibungen der Diagnostikmanuale DSM und ICD. Daraus ergeben sich willkürlich erscheinende Zuordnungen.

Infolge der genannten Mängel ist die Verwendbarkeit dieser Typologie in Therapien eingeschränkt. Manche Beschreibungen führen in die Irre. Im Vergleich zu dem, was die Psychoanalyse zu bieten hat, bringen die Beschreibungen Informationsverluste. Bei psychoanalytisch orientierter Betrachtung ergibt sich, daß einige von Fiedlers Typen sich aus mehreren psychoanalytisch konzeptualisierbaren Charaktertypen zusammensetzen. Diese Kombinationen kennen auch die Psychoanalytiker. Nur sprechen sie eben von Kombinationen und nicht von einheitlichen Charaktertypen. Problematisch sind auch die von Fiedler gegebenen Erklärungen der Zusammenhänge zwischen Charakterzügen. Diese Erklärungen klammern das Unbewußte aus.

Die Fiedlerschen Beschreibungen werden *verständlicher,* wenn man eine psychoanalytische Betrachtungsweise anwendet. Die Sichtweise von Fiedler ist stellenweise dynamisch. Dann entspricht sie den dynamischen Sichtweisen der kognitiven Verhaltenstherapie.

Bei psychoanalytischen Klassifikationen ergibt sich ein wesentlicher Anteil des prädiktiven Potentials aus psychodynamischen Zusammenhängen. Die »Stile« von Fiedler berücksichtigen psychodynamische Zusammenhänge nur im bewußten Bereich. Das schränkt die prädiktiven Möglichkeiten ein; andererseits werden

Gefahren des Irrtums eingeschränkt. Solche Gefahren treten vor allem dann auf, wenn das Vorhandensein bestimmter Merkmale aus dem Vorhandensein anderer Merkmale zwingend geschlossen wird, statt daß man ihr Vorhandensein mit einem begrenzten Grad von Wahrscheinlichkeit erwartet. Benutzt man die psychoanalytischen Charakterologien, um vorhersagende Hypothesen zu generieren – Hypothesen, die weitere Untersuchungen anregen sollen –, können diese Gefahren vermieden werden.

Literaturverzeichnis

ADORNO, T. W., FRENKEL-BRUNSWIK, E., LEVINSON, D. J. & SANFORD, R. N. (1969): The Authoritarian Personality. Norton & Company, New York.

Arbeitskreis OPD (Hrsg.) (1996): Operationalisierte Psychodynamische Diagnostik. Grundlagen und Manual. Verlag Hans Huber, Bern/Göttingen/Toronto/Seattle.

BELLAK, L., HURVICH, M. & GEDIMAN, H. (1973): Ego functions in schizophrenics, neurotics and normals. John Wiley & Sons, New York/London/Sydney/Toronto.

BISCHOF, N. (1985): Das Rätsel Ödipus. Piper, München.

BOWEN, M. (1976): Family therapy and family group therapy. In: OLSON, D. H. (Ed.): Treating Relationships. Graphic, Lake Mills, Ind.

BOWLBY, J. (1975): Bindung. Kindler, München (engl.: Attachment and Loss, Volume I, Attachment, Hogarth, London 1969).

BOWLBY, J. (1976): Trennung. Kindler, München (engl.: Separation. Anxiety and Anger. Hogarth Press/Institute of Psycho-Analysis, London, 1973).

BOWLBY, J. (1980): Loss, Sadness and Depression. Hogarth Press/Institute of Psycho-Analysis, London.

BRISCH, K. H. (1999): Bindungsstörungen. Von der Bindungstheorie zur Therapie. Klett-Cotta, Stuttgart, 5. Aufl. 2003.

BUCHHEIM, A. & KÄCHELE, H. (2001): Adult Attachement Interview einer Persönlichkeitsstörung – eine Einzelfallstudie zur Synopsis von psychoanalytischer und bindungstheoretischer Perspektive. In: Persönlichkeitsstörungen 5, 113–130.

BÜHLER, K. (1929): Die geistige Entwicklung des Kindes. 5. Aufl., Fischer (Wissenschaft und Bildung Bd. 156), Jena.

BUSS, D. (1989): Sex differences in human mate preferences. Evolutionary hypotheses tested in 37 cultures. In: Behavioral and Brain Sciences 12, S. 1–49.

BUSS, D. (1994): Die Evolution des Begehrens. Kabel, Hamburg.

CLARKIN, J. F., YEOMANS, F. E.& KERNBERG, O. F. (2000): Psychotherapie der Borderline-Persönlichkeit. Manual zur psychodynamischen Therapie. Schattauer, Stuttgart.

CREMERIUS, J. (1968): Abriß der psychoanalytischen Abwehrtheorie. Psychother. Med. Psychol. 18, 1–14.

CREMERIUS, J. (1990): Grenzen und Möglichkeiten der psychoanalytischen Behandlungstechnik bei Patienten mit Über-Ich-Störung. In: ders., Vom Handwerk des Psychoanalytikers: das Werkzeug der psychoanalytischen Technik. Bd. 1. Frommann-Holzboog, Stuttgart-Bad Cannstatt, S. 88–134.

DICKS, H.V. (1967): Marital Tensions. Routledge & Keagan Paul, London.

DORNES, M. (1993): Der kompetente Säugling. Die präverbale Entwicklung des Menschen. Fischer, Frankfurt a. M.

DORPAT, T. L. (1979): Is splitting a defense? Int. Rev. Psychoanal. 6, 105–113.

ERMANN, M. (1985): Die Fixierung in der frühen Triangulierung. Forum Psychoanal. 1, 93–110.

ETCHEGOYEN, R. H. (1991): The Fundamentals of Psychoanalytic Technique. Karnac Books, London/New York.

FAIRBAIRN, W. (1952): An Object-Relations Theory of the Personality. Basic Books, New York.

FALLER, H. (2003): Verhaltensgenetik. Was bringt die Genetik für das Verständnis der Entwicklung von Persönlichkeitseigenschaften und psychischen Störungen? In: Psychotherapeut 48, 80–92.

FERENCZI, S. (1988): Ohne Sympathie keine Heilung. Das klinische Tagebuch von 1932. Fischer, Frankfurt a. M.

FESTINGER, L. (1978): Theorie der kognitiven Dissonanz. Hrsg. von Martin Irle und Volker Möntmann. Verlag Hans Huber, Bern/Stuttgart/Wien.

FIEDLER, P. (2000): Integrative Therapie bei Persönlichkeitsstörungen. Hogrefe, Göttingen.

FIEDLER, P. (2001): Persönlichkeitsstörungen. Beltz, Psychologie Verlags Union, Weinheim (5. Aufl.).

FONAGY, P. (2003): Psychoanalyse und Bindungstheorie. Klett-Cotta, Stuttgart.

FREUD, A. (1936): Das Ich und die Abwehrmechanismen. Kindler, Frankfurt a. M.

FREUD, A. (1978): Die Hauptfrage der Kinderanalyse. In: Die Schriften der Anna Freud, Bd. 10. Kindler, München 1989.

FREUD, S. (1908): Charakter und Analerotik. G. W. VII, S. 200–209, S. Fischer, Frankfurt a. M.

FREUD, S. (1909): Analyse der Phobie eines fünfjährigen Knaben. G.W. VII, S. 241–377, S. Fischer, Frankfurt a. M.

FREUD, S. (1917): Eine Schwierigkeit der Psychoanalyse. G.W. XII, S. 3–12, S. Fischer, Frankfurt a. M.

FREUD, S. (1933): Neue Folge der Vorlesungen zur Einführung in die Psychoanalyse. G.W. XV, Fischer, Frankfurt a. M.

FREUD, S. (1937): Die endliche und die unendliche Analyse. G.W. XVI, S. 59–99, S. Fischer, Frankfurt a. M.

GABBARD, G. O. & WESTERN, D. (2003): Rethinking therapeutic Action. In: Int. J. Psychoanal. 84, 823–842.

GAY, P. (1989): Freud. Eine Biographie für unsere Zeit. S. Fischer, Frankfurt a. M.

GREENSON, R. R. (1974): Transference: Freud or Klein. Int. J. Psycho-Anal. 55, 37–51.

GREENSON, R. R. (1975): Technik und Praxis der Psychoanalyse. Klett, Stuttgart (engl.: The Technique and Practice of Psychoanalysis. Int. Univ. Press, New York 1967).

GUNTRIP, H. (1968): Schizoid phenomena, object-relations and the self. Hogarth Press/Institute of Psycho-Analysis, London.

HARTMANN, H. (1972): Ich-Psychologie. Klett, Stuttgart. (Engl.: Essays on Ego-Psychology. Int. Univ. Press, New York 1964.)

HEIGL, F. (1960a): Die Gegenübertragungsangst und ihre Bedeutung. Zschr. Psychosom. Med. Psychoanal. 6, 29–35.

HEIGL, F. (1960b): Über Bedeutung und Handhabung der Gegenübertragung. Literaturübersicht und grundsätzliche Gesichtspunkte. Zschr. Psychosom. Med. Psychoanal. 6, 110–123.

HEIGL, F. (1963): Über eine spezielle Gegenübertragungsreaktion in der psychoanalytischen Behandlung. Gegenübertragungs-Schläfrigkeit bei einer »Till-Eulenspiegel-Übertragung«. Zschr. Psychosom. Med. Psychoanal. 9, 41–50.

HEIGL-EVERS, A. & HEIGL, F. (1973): Gruppenpsychotherapie: Interaktionell – tiefenpsychologisch fundiert (analytisch orientiert) – psychoanalytisch. Gruppenpsychother. Gruppendyn. 7, 132–157.

HEIGL-EVERS, A. & HEIGL, F. (1979): Die psychosozialen Kompromißbildungen als Umschaltstelle innerseelischer und zwischenmenschlicher Beziehungen. Gruppenpsychother. Gruppendyn. 14, 310–325.

HEIGL-EVERS, A. & OTT, J. (1996): Die psychoanalytisch-interaktionelle Methode. Ein Behandlungsangebot für strukturell gestörte Patienten. Psychotherapeut 41, 77–83.

HEIMANN, P. (1950): On Countertransference. Int. J. Psycho-Anal. 31, 81–84.

HINSHELWOOD, R. D. (1993): Wörterbuch der kleinianischen Psychoanalyse. Verlag Internationale Psychoanalyse, Stuttgart.

HOFFMANN, S. O. (1979): Charakter und Neurose. Ansätze zu einer psychoanalytischen Charakterologie. Suhrkamp, Frankfurt a. M. (2. Aufl. 1984).

HOFFMANN, S. O. (1987): Forschungstendenzen im Bereich von Psychotherapie und Neurosenlehre in den letzten 15 Jahren – Ein persönlicher Eindruck. Psychother. Psychosom. Med. Psychol. 37, 10–14.

JACOBSON, E. (1973): Das Selbst und die Welt der Objekte. Suhrkamp, Frankfurt a. M.

JACOBSON, E. (1977): Depression. Suhrkamp, Frankfurt a. M.

KERNBERG, O. F. (1976): Object Relations Theory and Clinical Psychoanalysis. New York: Yason Aronson. Deutsch: Objektbeziehungen und Praxis der Psychoanalyse. Klett-Cotta, Stuttgart 1981.

KERNBERG, O. F. (1987): Projection and projective identification. Developmental and clinical aspects. In: SANDLER, J. (Hrsg.): Projection, Identification, Projective Identification. Int. Univ. Press, Madison, Conn., S. 93–115.

KERNBERG, O. F. (1988): Innere Welt und äußere Realität. Anwendungen der Objektbeziehungstheorie. Verlag Internationale Psychoanalyse, München/Wien.

KERNBERG, O. F. (1992): Aggression in Personality Disorders and Perversions. Yale University Press, New Haven/London.

KERNBERG, O. F. (1998): Die Bedeutung neuerer psychoanalytischer (und psychodynamischer) Konzepte für die (Befunderhebung und) Klassifikation von Persönlichkeitsstörungen. In: SCHAUENBURG, H., FREYBERGER, H. J., CIERPKA, M. & BUCHHEIM, P. (Hrsg.): OPD in der Praxis. Konzepte, Anwendungen, Ergebnisse der Psychodynamischen Diagnostik. Verlag Hans Huber, Bern, S. 55–68.

KLEIN, M. (1946): Notes on some schizoid mechanisms. Int. J. Psycho-Anal. 27, 99–110.

KLEIN, D. N. (1990): Depressive personality: Reliability, validity, and relation to dysthymia. Journal of Abnormal Psychology 99, 412–421.

KOHUT, H. (1971): Narzißmus. Eine Theorie der psychoanalytischen Behandlung narzißtischer Persönlichkeitsstörungen. Suhrkamp, Frankfurt a. M.

KÖHLER, L. (1995): Bindungsforschung und Bindungstheorie aus der Sicht der Psychoanalyse. In: SPANGLER, G. & ZIMMERMANN, P. (Hrsg.) (1995): Die Bindungstheorie. Grundlagen, Forschung und Anwendungen. Klett-Cotta, Stuttgart, S. 67–85 (4. Aufl. 2002).

KÖNIG, K. (1981): Angst und Persönlichkeit. Das Konzept vom steuernden Objekt und seine Anwendungen. Vandenhoeck & Ruprecht, Göttingen (6. Aufl. 2000).

KÖNIG, K. (1982): Der interaktionelle Anteil der Übertragung in Einzelanalyse und analytischer Gruppenpsychotherapie. In: Gruppenpsychother. Gruppendyn. 18, 76–83.

KÖNIG, K. (1988): Basale und zentrale Beziehungswünsche. In: Forum Psychoanal. 4, 177–185.

KÖNIG, K. (1992): Kleine psychoanalytische Charakterkunde. Vandenhoeck & Ruprecht, Göttingen (7. Aufl. 2002).

KÖNIG, K. (1993): Gegenübertragungsanalyse. Vandenhoeck & Ruprecht, Göttingen (3. Aufl. 1998).

KÖNIG, K. (1996): Abwehrmechanismen. Vandenhoeck & Ruprecht, Göttingen (3. Aufl. 2003).

KÖNIG, K. (1998): Übertragungsanalyse. Vandenhoeck & Ruprecht, Göttingen.

KÖNIG, K. (1999): Psychoanalyse in der psychiatrischen Arbeit – eine Einführung. Psychiatrie-Verlag, Bonn.

KÖNIG, K. (2000): Charakterneurose. In: MERTENS, W. & WALDVOGEL, B. (Hrsg.) (2000): Handbuch psychoanalytischer Grundbegriffe. Kohlhammer, Stuttgart/Berlin/Köln.

KÖNIG, K. (2001): Mit dem eigenen Charakter umgehen. Walter-Verlag, Düsseldorf.

KÖNIG, K. (2002a): Fallstricke in der psychoanalytischen Praxis. Klett-Cotta, Stuttgart.

KÖNIG, K. (2002b): Was ist Psychoanalyse? Walter-Verlag, Düsseldorf.

KÖNIG, K. (2003): Schamgefühle und Schuldgefühle im Beratungsprozess. Supervision, Heft 3, 18–22.

KÖNIG, K. & KREISCHE, R. (1991): Psychotherapeuten und Paare. Vandenhoeck & Ruprecht, Göttingen (2. Aufl. 1994).

KÖRNER, J. (1989): Arbeit an der Übertragung? Arbeit an der Übertragung! In: Forum Psychoanalyse 5, 209–223.

KREISCHE, R. (1998): Paarbeziehungen und Geschwisterbeziehungen. In: Kontext 29 (1), 32–41.

KUHL, J.& KAZEN, M. (1997): Persönlichkeits-Stil und Störungs-Inventar (PSSI). Hogrefe, Göttingen.

LANDIS, E. A. (2001): Logik der Krankheitsbilder. Psychosozial-Verlag, Gießen.

LEUSCHNER, W. & HAU, S. (1995): Die Traumzeichnung des Wolfsmannes im Licht experimenteller Befunde. Psyche 49, 609–632.

LUBORSKY, L., CRITS-CHRISTOPH, P. (1990): Understanding Transference. The CCRT Method. Basic Books, New York.

MAHLER, M. (1980): Die psychische Geburt des Menschen. S. Fischer, Frankfurt a. M.

MANDEL, K. H. (Hrsg.) (1974): Fritz Riemann. Grundformen helfender Partnerschaft. Ausgewählte Aufsätze. Pfeiffer, München.

MENTZOS, S. (1976): Interpersonale und institutionalisierte Abwehr. Suhrkamp, Frankfurt a. M.

MÜLLER-POZZI, H. (2002): Psychoanalytisches Denken. Eine Einführung. Huber, Bern/Göttingen/Toronto/Seattle.

NORWOOD, R. (1986): Wenn Frauen zu sehr lieben. Die heimliche Sucht, gebraucht zu werden. Rowohlt, Reinbek.

NUNBERG, H. (1971): Die synthetische Funktion des Ich. In: ders.: Allgemeine Neurosenlehre. Auf psychoanalytischer Grundlage. Verlag Hans Huber, Bern, S. 177–182.

OLDHAM, J. M., MORRIS, L. B. (1994): Ihr Persönlichkeitsporträt. Warum Sie genau so denken, lieben und sich verhalten, wie Sie es tun. Knaur, München.

REICH, W. (1933): Charakteranalyse. Selbstverlag, Wien.

REICH, G. (1995): Eine Kritik des Konzepts der »primitiven Abwehr« am Begriff der Spaltung. Forum Psychoanal. 11, 99–118.

REISTER, G. (1995): Schutz vor psychogener Erkrankung. Sammlung der Zeitschrift für psychosomatische Medizin und Psychoanalyse Nr. 18. Vandenhoeck & Ruprecht, Göttingen.

RICHTER, H.-E. (1972): Patient Familie. Rowohlt, Reinbek.

RIEMANN, F. (1976): Grundformen der Angst. Eine tiefenpsychologische Studie. Reinhardt, München/Basel.

ROHDE-DACHSER, C. (1981): Dyade als Illusion? Zschr. Psychosom. Med. 27, 318–337.

ROHDE-DACHSER, C. (1983): Das Borderline-Syndrom. Huber, Bern, Stuttgart, Wien.

ROHDE-DACHSER, C. (1991): Expedition in den dunklen Kontinent. Springer, Berlin/Heidelberg/New York (2. Aufl. 1992).

ROSE, C. (2002): Talking gender in the group. In: Group analysis 35, 525–539.

ROTMANN, M. (1985): Frühe Triangulierung und Vaterbeziehung. Anmerkung zur Arbeit von Michael Ermann: Die Fixierung in der frühen Triangulierung. In: Forum Psychoanal. 1, 308–317.

RUDOLF, G. (1993): Psychotherapeutische Medizin und Psychosomatik. Ein einführendes Lehrbuch auf psychodynamischer Grundlage. Georg Thieme Verlag, Stuttgart/New York (4., überarb. und erweiterte Aufl. 2000).

RUDOLF, G. GRANDE, T. & HENNINGSEN, P. (Hrsg.) (2002): Die Struktur der Persönlichkeit. Vom theoretischen Verständnis zur therapeutischen Anwendung des psychodynamischen Strukturkonzepts. Schattauer, Stuttgart/ New York.

SANDLER, J. (1961): Sicherheitsgefühl und Wahrnehmungsvorgang. Psyche 15, 1961, S. 124–141 (engl.: The background of safety. Int. J. Psa. 41 (1960), 352–356).

SANDLER, J. & SANDLER, A.-M. (1985): Vergangenheits-Unbewußtes, Gegenwarts-Unbewußtes und die Deutungen der Übertragung. Psyche 39, 800–829.

SANDLER, J. & FREUD, A. (1989): Die Analyse der Abwehr. Klett-

Cotta, Stuttgart (engl.: The Analysis of Defense. The Ego and the Mechanisms of Defense revisited. Int. Univ. Press, New York).

SANDLER, J., DARE, C. & HOLDER, A. (1992): The Patient and the Analyst. The Basis of the Psychoanalytic Process. Karnac Books, London (dt.: Die Grundbegriffe der psychoanalytischen Therapie. Klett-Cotta, Stuttgart, 8. Auflage 2001).

SCHAUENBURG, H., FREYBERGER, H. J., CIERPKA, M. & BUCHHEIM, P. (Hrsg.) (1998): OPD in der Praxis. Konzepte, Anwendungen, Ergebnisse der Operationalisierten Psychodynamischen Diagnostik. Verlag Hans Huber, Bern/Göttingen/Toronto/Seattle.

SCHEPANK, H. (1991): Erbdeterminanten bei der Anorexia nervosa. Ergebnisse von Zwillingsuntersuchungen. Zsch. Psychosom. Med. 37, 265–281.

SCHNEIDER, K. (1950): Klinische Psychopathologie. Thieme, Stuttgart (9. Aufl. 1971).

SHAPIRO, D. (1991): Neurotische Stile. Vandenhoeck & Ruprecht, Göttingen (engl.: Neurotic styles. Basic Books, New York 1965).

SMITH, H. (2003): Analysis of transference: A North American perspective. Int. J. Psychoanal. 84, 1017–1042.

STERN, D., SANDER, L., NAHUM, J., HARRISON, A., LYONS-RUTH, K., MORGAN, A, STERN-BRUSCHWEILER, N. & TRONICK, E. (1998): Non interpretative mechanisms in psychoanalytic therapy: The »something more« than interpretation. Int. J. Psychoanal. 79, 908–921.

STREECK, U. (2002): Gestörte Verhältnisse – zur psychoanalytisch-interaktionellen Gruppentherapie von Patienten mit schweren Persönlichkeitsstörungen. In: Persönlichkeitsstörungen 6, 109–125.

TELLENBACH, H. (1961): Melancholie. Springer, Berlin/Heidelberg/New York/London/Tokio.

THOMÄ, H. & LANDIS, A. E. (2003): Eine Kontroverse über ICD–10 – psychodynamische Krankheitsbilder – Metapsychologie. Eine Auseinandersetzung zwischen Helmut Thomä und Anna E. Landis. Psyche 57, 174–182.

TOMAN, W. (1974): Familienkonstellationen. C. H. Beck, München.

TRESS, W. (1986): Das Rätsel der seelischen Gesundheit. Göttingen: Vandenhoeck & Ruprecht.

VAILLANT, G. E. (1992): Ego Mechanisms of Defense: A Guide for Clinicians and Researchers. American Psychiatric Press, Inc., Washington D.C./London.

VAILLANT, G. E. (1993): The Wisdom of the Ego. Harvard University Press, Cambridge (Mass.)/London.

WALLERSTEIN, R. S. (1988): One psychoanalysis or many? Int. J. Psycho-Anal. 69, 5–21.

WILDLÖCHER, D. (1986): The place of psychomotor retardation in depressive symptomatology. Acta Psychiatrica Belgica 86, Nr. 6, 686–699.
WILLI, J. (1975): Die Zweierbeziehung. Rowohlt, Reinbek.
WINNICOTT, D. W. (1960): The Theory of the Parent-Infant Relationship. In: Winnicott, D. W. (ed.) (1965): The maturational processes and the facilitating environment. Studies in the Theory of Emotional Development. International Universities Press, New York, S. 37–55.
ZETZEL, E. R. (1968): The so-called good hysteric. Int. J. Psycho-Anal. 49, 256–264.

Register

Karl König:
Einführung in die psychoanalytische Interventionstechnik
196 Seiten, broschiert, ISBN 3-608-94008-1

Die Psychoanalyse und die aus ihr abgeleiteten Verfahren besitzen ein wissenschaftliches Fundament. Doch vieles, was Psychotherapeuten tagtäglich tun, könnte man schlicht als ein »Handwerk« bezeichnen. Das Buch stellt dem Leser den notwendigen Wissensfundus zur Verfügung, der die theoretischen Grundlagen der Analyse mit den Möglichkeiten des praktischen Handelns verbindet. Dabei geht es dem Autor nicht um Rezepte, es geht ihm um ein fundiertes Verständnis der verschiedenen Interventionsformen und ihrer Anwendungen.

Karl König:
Fallstricke in der psychoanalytischen Praxis
210 Seiten, gebunden, ISBN 3-608-94227-0

Dieses Buch behandelt eine breite Palette von Schwierigkeiten, die vor, während und nach der Behandlung auftreten können. Für den Therapeuten geht es zunächst darum, solche Schwierigkeiten zu verstehen; aus diesem Verstehen heraus kann er dann Handlungsanweisungen für seine eigene Arbeit entwickeln. Es geht um die ganz zentralen Themen der psychoanalytischen Behandlungstechnik, aber auch um alltägliche Fragen, die sonst nicht Gegenstand einer Lehrbuchdarstellung sind. Der erfahrene Autor zögert dabei nicht, immer wieder konkrete Hinweise auf geeignete Handlungsstrategien zu geben.